Nicolai Sinai

Die Heilige Schrift des Islams

Der Autor

Nicolai Sinai wurde 2007 an der FU Berlin promoviert; seit 2011 ist er Dozent für Islamwissenschaft an der Universität Oxford und Fellow von Pembroke College.

Das Buch

Was wissen wir über den Koran? Wie ist er entstanden und wie hat er seine heutige Gestalt gewonnen? Handelt es sich bei ihm um ein chaotisches Buch, voller Wiederholungen und Widersprüche? Gibt es überhaupt einen einheitlichen Korantext? Und wie wird der Koran von Muslimen interpretiert? Stellt er wirklich das Gesetzbuch des Islams dar? Grundlegende Informationen zu einem der bedeutendsten Werke der Religionsgeschichte.

Nicolai Sinai

Die Heilige Schrift des Islams

Die wichtigsten Fakten zum Koran

HERDER

FREIBURG · BASEL · WIEN

HERDER spektrum Band 6512

MIX
Papier aus verantwortungsvollen Quellen
FSC® C083411

Originalausgabe

www.herder.de

Umschlagkonzeption: Agentur RME Roland Eschlbeck
Umschlaggestaltung: Verlag Herder
Umschlagmotiv: © akg-images / Erich Lessing

Satz: Barbara Herrmann, Freiburg
Herstellung: CPI – Clausen & Bosse, Leck

Printed in Germany

ISBN 978-3-451-06512-5

Inhalt

Einleitung

Der Koran gilt Muslimen als wörtliche Gottesrede und als Grundlage islamischen Glaubens und Handelns. Um den Islam zu verstehen, so könnte man mithin meinen, muss man nur zum Koran greifen: Dort sei schwarz auf weiß nachzulesen, wie es der Islam wirklich mit der Religions- und Meinungsfreiheit oder der Stellung der Frau halte. Doch der Versuch, den Islam in seiner historischen Vielgestaltigkeit allein aus dem Koran zu erklären, ist ein Kurzschluss. Zum einen steht neben dem Koran die »Sunna«, die normsetzende Praxis des Propheten Muhammad, die aus einem umfangreichen Korpus von Berichten über Aussprüche und Handlungen Muhammads ermittelt wird und die für viele Detailvorschriften des islamischen Rechts ungleich bedeutender ist als der Koran. Zum anderen sind Schriften, die wie der Koran als göttliche Offenbarungen gelten, Gegenstand besonders intensiver Auslegungsprozesse. In welchem Sinne Muslime eine bestimmte Koranstelle, und mag sie noch so eindeutig scheinen, deshalb wirklich aufgefasst haben, kann – wie im klassischen islamischen Schrifttum – von äußerst verwickelten exegetischen, rechtlichen oder theologischen Argumentationsgängen abhängen, oder aber – was in der Moderne häufig der Fall ist – von außerhalb des Textes liegenden politischen, gesellschaftlichen und wirtschaftlichen Realitäten. Es wäre darum verfehlt, den Koran wie eine Art islamische DNA als letztinstanzliche Erklärung beispielsweise für den islamistischen Terrorismus heranzuziehen.

Obgleich der Koran also nicht vorschnell mit ›dem Islam‹ identifiziert werden sollte, bildet der Text doch den historischen Ausgangs- und wichtigsten Bezugspunkt der islamischen Religionsgeschichte; davon kündet schon die starke akustische und visuelle Präsenz, die ihm bis heute in der islamischen Welt zukommt, etwa in Gestalt von Koranrezitation und Kalligraphie. Das vorliegende Bändchen soll deshalb in bündiger Form eine wissenschaftlich vertretbare Synthese unseres Wissens über die Entstehung des Korans, über seine wichtigsten inhaltlichen und literarischen Merkmale sowie über seine Rolle in der islamischen Tradition geben. In diesem Sinne geht es, wie im Titel versprochen, um die Vermittlung der »wichtigsten Fakten zum Koran«. Allerdings wäre eine Einführung in den Koran, die sich nur auf positive Forschungsergebnisse beschränkte, auch für den Laien wenig hilfreich: Spätestens wenn er auf das nächste Buch oder den nächsten Zeitungsartikel stößt, könnte ihm eine ganz andere Sichtweise auf den Koran begegnen, ohne dass er imstande wäre, die widerstreitenden Perspektiven gegeneinander abzuwägen. Der vorliegende Band versucht deswegen immer auch, sich argumentativ mit alternativen Positionen auseinanderzusetzen.

Im Gegenzug ließen sich gravierende Lücken nicht vermeiden: Eine auch nur oberflächliche Behandlung der Stellung des Korans im schiitischen Islam, der Korankalligraphie oder der islamischen Lehre von der literarischen »Unnachahmlichkeit« (*i'jāz*) des Korans war aus Umfangsgründen nicht unterzubringen. Die Verwendung von Endnoten habe ich auf ein Mindestmaß zu beschränken versucht. In Klammern stehende Verweise auf Koranstellen sind in der Regel nicht erschöpfend und beschränken sich auf wenige Beispiele. Meine Koranübersetzungen lehnen sich oft an die Übertragung Hans Zirkers an.

Während der Abfassung dieses Büchleins habe ich von Diskussionen und Gesprächen mit Averil Cameron, Emmanouela Grypeou, Susanne Herrmann-Sinai, Robert Hoyland, Robin Lane Fox, Christopher Melchert, Keith Small, Guy Stroumsa und Holger Zellentin profitiert. Arno Schmitt schulde ich großen Dank dafür, dass er mir geholfen hat, zahlreiche Redundanzen, Unklarheiten und unnötige Fremdworte zu vermeiden. Einzelne Partien sind aus Vorträgen und Lehrveranstaltungen erwachsen, die ich zwischen 2007 und 2010 neben meiner Tätigkeit am Forschungsprojekt *Corpus Coranicum* der Berlin-Brandenburgischen Akademie der Wissenschaften gehalten habe.

I. Entstehung und Niederschrift des Korans

Um die Herkunft des Korans ist gerade in den letzten Jahrzehnten außerordentlich heftig gestritten worden: Die vorgeschlagenen Entstehungstheorien reichen zeitlich vom ersten Drittel des siebten Jahrhunderts bis Anfang des neunten Jahrhunderts und geographisch von Westarabien bis Mesopotamien; sogar die historische Existenz Muhammads ist bestritten worden. Der erste Teil des Buches soll die wichtigsten Sachverhalte und Gesichtspunkte darstellen, die in dieser Debatte eine Rolle gespielt haben, und zeigen, dass es nach wie vor gute Gründe dafür gibt, an einer Herkunft der Korantexte aus Westarabien und ihrer Verbindung mit einem Gemeindegründer namens Muhammad festzuhalten.

Der Aufbau des Korans und das Leben Muhammads: Ein Überblick

Der Koran (arab. *qur'ān*, »Lesung«, »Rezitation«) ist eine Sammlung von 114 arabischen Einzeltexten, den sogenannten »Suren«. Sein Gesamtumfang liegt mit ca. 77 000 Wörtern deutlicher unter dem des Neuen Testaments (etwa 181 000 Wörter). Mit Ausnahme der kurzen Eröffnungssure, einem in der Wir-Perspektive formulierten Gemeindegebet, folgt die Reihenfolge der Suren tendentiell – wenn auch mit vielen Ausnahmen – dem Prinzip absteigender Länge. Kleinste literarische Einheit des Werks sind durch Reim abgesetzte Verse (weshalb Koranstellen üblicherweise nach Sure und Vers zitiert werden, etwa »97:2«). Sowohl die Länge der Suren als auch die der einzelnen Verse variieren ganz erheblich – so umfasst die zweite und längste Sure des Korans 286 Verse, wovon einige über 20 Worte enthalten, während die 108. Sure nur aus drei Versen mit insgesamt zehn Worten besteht. Mehr oder weniger ausdrücklich präsentiert sich der Koran als wörtliche Gottesrede: Zwar beziehen sich viele Verse in der dritten Person auf Gott, doch finden sich auch immer wieder Passagen, in denen Gott in der ersten Person spricht. Ein besonders charakteristisches Merkmal koranischen Stils ist dabei der teilweise abrupte Wechsel zwischen beiden Perspektiven, der sich häufig sogar innerhalb eines Satzzusammenhanges findet: »Ihr, die ihr glaubt, esst von den guten Dingen, mit denen *wir* euch versorgt haben, und dankt *Gott*, falls ihr *ihm* dient!« (2:172)[1]

Islamischer Überzeugung zufolge handelt es sich bei diesem Korpus um Texte, die der Prophet Muhammad im frühen siebten Jahrhundert in den westarabischen Städten Mekka und Medina verkündet hat und die nach seinem Tod im Wesentlichen wortgetreu niedergeschrieben wurden. Bevor diese herkömmliche Sichtweise der Korangenese in den nächsten Kapiteln einer kritischen Sichtung unterzogen wird, sollen kurz ihre Eckdaten rekapituliert werden.

Muhammad wird um 570 in Mekka als Angehöriger des Stammes der Quraisch geboren. Ihren Lebensunterhalt verdienten die Quraisch mit der Organisation von Handelskarawanen, die Lederwaren, Wollkleidung und andere Tierprodukte ins südliche Syrien einführten.[2] Daneben verfügte Mekka mit der Kaʿba (das Wort bezeichnet einfach ein »würfelförmiges« Gebäude) über ein städtisches Pilgerheiligtum, während die nahe gelegene Ebene von ʿArafa Schauplatz eines weiteren Wallfahrtsritus, des *ḥajj*, war, der später –

monotheistisch umgeformt und mit dem Besuch der Ka'ba verbunden – in den Islam eingegangen ist.

Mit etwa 40 Jahren beginnt Muhammad, die im Koran gesammelten Offenbarungen zu verkünden und eine kleine Gruppe von Anhängern um sich zu scharen. Aufgrund ihrer Ablehnung des mekkanischen Polytheismus mehr und mehr unter Druck geraten, muss diese islamische Urgemeinde im Jahre 622 einen »Auszug« (*hijra*) in das weiter nördlich gelegene Yathrib vollziehen (später auch *madīnat an-nabīy*, »Stadt des Propheten«, genannt, daher der heutige Name Medina). Im von Stammesfehden zerrissenen Yathrib wächst Muhammad in die Rolle einer politischen Führungsfigur hinein. Die nächsten Jahre stehen im Zeichen bewaffneter Auseinandersetzungen zwischen seinen Anhängern und den Mekkanern; parallel dazu werden die jüdischen Bewohner Medinas, die Muhammads religiösen und politischen Führungsanspruch nicht anerkennen, vertrieben oder hingerichtet. 630 kann Muhammad schließlich die Kapitulation seiner Heimatstadt erzwingen.

Als der Prophet im Jahre 632 n. Chr. stirbt, hinterlässt er zweierlei: einerseits die Korantexte, die allerdings erst nach seinem Tod gesammelt und schriftlich aufgezeichnet werden, andererseits ein islamisches Gemeinwesen mit Zentrum in Medina, das durch zahlreiche Bündnisse mit Stämmen auf der restlichen Halbinsel verknüpft ist. Muhammads Nachfolger, die Kalifen (»Nachfolger« bzw. »Stellvertreter«), stoßen rasch nach Palästina, Syrien und Mesopotamien vor: Bereits 636 kommt es unter dem zweiten Kalifen 'Umar zu entscheidenden Überraschungssiegen über die beiden bis dahin den Nahen Osten beherrschenden Großmächte, nämlich das – damals auch Ägypten und Syrien umfassende – Byzantinische Reich und das Sassanidenreich im Irak und Iran.

Die frühislamische Geschichte als »Heilsgeschichte«?

Der gerade umrissenen Sichtweise zufolge stellt das koranische Korpus das Gründungsdokument der islamischen Religion dar; es entstammt der Arabischen Halbinsel und geht zeitlich der arabisch-islamischen Eroberung des Nahen Ostens und Nordafrikas voran. Doch auf welcher Grundlage steht diese Ansicht? Archäologische Grabungen in Mekka und Medina, von denen man sich am ehesten einen hieb- und stichfesten Beweis für die Richtigkeit des islamischen Geschichtsbildes versprechen könnte, sind vorerst nicht zu erwarten und dürften aufgrund der massiven Baumaßnahmen im 20. Jahrhundert kaum noch Resultate erbringen. Wir sind mithin in erster Linie auf islamische Überlieferungen verwiesen. Ein guter Eindruck von deren Eigenart lässt sich anhand des Anfangs von Sure 96 gewinnen, den islamische Koranausleger häufig als die erste an Muhammad ergangene Offenbarung verstanden haben:

> Im Namen Gottes, des barmherzigen Erbarmers!
> 1 Verlies im Namen deines Herrn, der erschafft,
> 2 der den Menschen aus einem Klumpen erschafft!
> 3 Verlies! Dein Herr ist der Großmütige,
> 4 der mit dem Schreibrohr lehrt,
> 5 den Menschen lehrt, was er nicht wusste!
> 6 Doch nein! Der Mensch ist aufsässig,
> 7 weil er meint, sich selbst zu genügen!
> 8 Doch zu deinem Herrn führt die Rückkehr!

Muhammad, so berichtet die islamische Tradition, habe sich zu Andachtsübungen in eine Berghöhle zurückzuziehen gepflegt, wo ihm eines Nachts der Erzengel Gabriel erschienen sei und ihn aufgefordert habe: »Verlies!« Muhammad habe widerstrebend geantwortet: »Ich kann nicht lesen!«

oder auch »Was soll ich lesen?«. Daraufhin habe der Engel ihn gepackt und ihm erneut den Befehl erteilt: »Verlies!« Wiederum habe Muhammad sich geweigert, woraufhin Gabriel ihn erneut ergriffen und ihm ein drittes Mal befohlen habe zu »verlesen«. Anschließend habe der Engel ihm die Anfangsverse von Sure 96 vorgetragen: »Verlies im Namen deines Herrn …!« Vor Angst bebend sei der Prophet zu seiner Frau Khadīja zurückgekehrt. Diese habe dann ihren Cousin Waraqa, einen Christen und Bibelkenner, aufgesucht, der nach ihrem Bericht ausgerufen habe: »Heilig! Heilig! Bei dem, in dessen Hand sich die Seele Waraqas befindet! Wenn du mir die Wahrheit berichtet hast, O Khadīja, so ist die große Offenbarung [wörtlich *nāmūs*, von gr. *nomos*, »Gesetz«] zu ihm gekommen, die auch zu Mose gekommen ist, und er ist der Prophet dieses Volkes!«

Obwohl diese Erzählung sehr alt ist und bereits um 700 n. Chr. in Umlauf gewesen sein dürfte,[3] deutet in der oben zitierten Passage selbst nichts auf die geschilderte Offenbarungssituation hin. Es ist deshalb gut möglich, dass die Geschichte keine authentische historische Erinnerung bewahrt, sondern sich nachträglich um den zitierten Koranabschnitt herumgerankt hat. Dabei bettet die Erzählung die Koranpassage nicht nur in eine konkrete Situation aus dem Leben Muhammads ein und trägt so zu ihrer Deutung bei. Sie entwirft auch ein dramatisches Bild von Muhammads prophetischer Initiation, wobei sein Widerstreben gegen den ihm auferlegten Verkündigungsauftrag an biblische Berufungserzählungen erinnert (vgl. 2. Mose 3:11, Jeremia 1:6) und die Lokalisierung des Geschehens in einer Höhle einer Begebenheit im Leben Elijas (1. Könige 19:9 ff.) ähnelt. Das Ende des Berichts hat offenbar eine apologetische Funktion: Ein Christ erkennt Muhammad als einen in der mosaischen Offenbarungstradition stehenden Propheten an.

Diese Episode veranschaulicht, dass Erzählungen über die Offenbarung einzelner koranischer Textstücke und Details über Muhammads Leben und Wirken nicht im Koran selbst zu finden sind, sondern vielmehr in Korankommentaren sowie in Sammelwerken zur Biographie *(sīra)* des Propheten überliefert werden. Die bekannteste dieser Prophetenbiographien geht auf Ibn Isḥāq (gest. 767/768) zurück, ist jedoch nur in der späteren Version des Ibn Hischām (gest. 834 oder früher) erhalten. Man hat es also mit Literatur zu tun, die erst 150 bis 200 Jahre nach Muhammads Tod schriftlich niedergelegt worden ist. Zwar erheben solche Werke den Anspruch, auf älteren Traditionen zu basieren, und verzeichnen in der Regel auch die Namen derjenigen Personen, die einen bestimmten Bericht weitergegeben haben sollen. Doch liegt es auf der Hand, dass ein kritischer Historiker dies nicht einfach ungeprüft akzeptieren kann – zumal dann, wenn die betreffenden Überlieferungen, wie der Bericht über Muhammads erste Offenbarung, eine koranexegetische oder apologetische Funktion haben.

Besonders nachdrücklich hat dies Ende der siebziger Jahre John Wansbrough geltend gemacht, der die islamische Überlieferung über das Wirken Muhammads und die Verkündigung des Korans als »Heilsgeschichte« etikettiert hat – also als eine Geschichtsschreibung, die nicht primär der Bewahrung historischer Tatsachen dient, sondern in erster Linie religiöse und politische Aussagen trifft.[4] Wansbrough vermutet den Ursprung des Islams in einem von jüdisch-christlichen Splittergruppen geprägten Milieu im heutigen Irak, aus dem die neu eingetroffenen arabischen Eroberer sich in einem längeren Prozess der Umarbeitung vorgefundener Traditionen eine eigene religiöse Identität konstruiert hätten. Die spätere islamische Überlieferung über das Leben Muhammads habe vor allem die Funktion, diese neue Religion mit einer fiktiven Herkunft aus der Arabischen Halbinsel auszustatten, um so ihre Unabhängigkeit von Judentum und Christentum zu belegen. Auch das koranische Korpus habe seine endgültige Gestalt erst eine beträchtliche Zeit nach dem Beginn der arabischen Eroberungen erreicht, möglicherweise erst im neunten Jahrhundert.

Das herkömmliche islamische Geschichtsbild wird aber nicht nur durch die späte Verschriftlichung der arabischen Quellen sowie deren möglicherweise in Rechnung zu stellende »heilsgeschichtliche« Funktion in Frage gestellt, sondern auch durch frühe außerislamische Zeugnisse und materielle Quellen. So vermitteln christliche und jüdische Texte aus dem siebten Jahrhundert den Eindruck, Muhammad habe zum Zeitpunkt der ersten arabischen Angriffe auf Palästina noch gelebt, und widersprechen damit der islamischen Überzeugung, der Prophet sei vor Beginn der arabischen Eroberungen in Medina gestorben. Noch grundsätzlichere Schwierigkeiten scheinen die frühesten unter arabischer Herrschaft geprägten Münzen aufzuwerfen: Sie folgen zunächst byzantinischen oder sassanidischen Vorbildern und sind teilweise sogar mit Kreuzen oder zoroastrischen Feueraltären ausgestattet; Muhammad hingegen wird auf Münzen nicht vor 685 erwähnt. Handelt es sich bei der Figur des islamischen Propheten also vielleicht nur um eine erst in der zweiten Hälfte des siebten Jahrhunderts entstandene Legende?

Auch der archäologische Befund deckt sich nicht ohne weiteres mit der islamischen Tradition: Es mangelt an Indizien dafür, dass es im syrisch-palästinischen Raum um die Mitte des siebten Jahrhunderts zu erheblichen Zerstörungen gekommen ist, wie man sie bei einer regelrechten arabischen Eroberung des Fruchtbaren Halbmondes mit zahlreichen Belagerungen und Feldschlachten eigentlich erwarten würde –

eine 1992 veröffentlichte Studie spricht gar von der »unsichtbaren Eroberung«.[5] Yehuda Nevo hat deshalb die Hypothese aufgestellt, die byzantinischen Kaiser hätten sich planmäßig aus Syrien zurückgezogen und das Feld kampflos den in den Fruchtbaren Halbmond einsickernden arabischen Stämmen überlassen; erst im Nachhinein sei dieser Vorgang dann zu einer dramatischen Eroberungsgeschichte umgestaltet worden.[6]

Allerdings lassen historische Belege in der Regel mehrere Erklärungen zu, die redlicherweise gegeneinander abgewogen werden sollten. So könnte die Tatsache, dass Muhammad erst in den 680er Jahren auf Münzen genannt wird, auch damit erklärt werden, dass die neuen arabischen Machthaber aus pragmatischen Gründen zunächst die ihren mehrheitlich nichtislamischen Untertanen vertraute Münzpraxis fortführten, bevor sie eine explizit islamische Münzgestaltung zu entwickeln begannen.[7] Und die mangelnde archäologische Sichtbarkeit der arabischen Eroberungen könnte einfach darauf zurückzuführen sein, dass sich die eigentlichen Kampfhandlungen auf archäologisch schlecht nachweisbare Feldschlachten mit byzantinischen und sassanidischen Heeren beschränkten, während die Städte kampflos kapitulierten und so glimpflich davonkamen.

Was die christlichen und jüdischen Zeugnisse über den frühen Islam betrifft, so müssen diese nicht objektiver sein als islamische Quellen: Sie können genauso durch den religiösen Erwartungs- und Deutungshorizont ihrer Verfasser oder schlicht durch Fehlwahrnehmungen und Ungenauigkeiten geprägt sein.[8] Immerhin dokumentieren die verschiedenen Hinweise auf Muhammad, die sich in nichtislamischen Texten aus der Mitte des siebten Jahrhunderts finden, dass er christlichen Zeitzeugen schon vor der Mitte des siebten Jahrhunderts als eine reale Person galt: Bereits die in den

630er Jahren auf Griechisch verfasste *Doctrina Iacobi* erwähnt einen »Propheten, der mit den Sarazenen erschienen ist«, und die um 640 entstandene Chronik Thomas des Presbyters spricht explizit von den »Arabern Muhammads«. Die These, der islamische Prophet habe gar nicht gelebt, stellt sich damit als einigermaßen unwahrscheinlich dar. Die Möglichkeit allerdings, dass Muhammad erst nach dem Einsetzen der arabischen Eroberungen verstorben sein könnte, ist angesichts der Vielzahl von Belegen wohl in Betracht zu ziehen.[9]

Die Sammlung und Überlieferung des Korantextes

Dass Muhammad wirklich existiert hat, schließt nun jedoch nicht aus, dass der Koran noch über seinen Tod hinaus erhebliche Erweiterungen und Überarbeitungen erfahren haben könnte. Von Wansbroughs Spätdatierung der Fertigstellung des Korans auf das frühe neunte Jahrhundert war bereits die Rede; andere Forscher haben die koranische Endredaktion in die Herrschaftszeit des Umaiyadenkalifen ʻAbdalmaliks (gest. 705) datiert. Wann also ist der Korantext schriftlich fixiert worden? Und inwieweit kann er als Niederschrift authentischer Verkündigungen Muhammads angesehen werden? Hier soll zunächst dargestellt werden, welches Bild islamische Quellen von der Aufzeichnung und Textgeschichte des Korans zeichnen, bevor im nächsten Kapitel alternative Sichtweisen erwogen werden.

Die islamische Überlieferung führt den heutigen Standardtext des Korans bemerkenswerterweise nicht auf Muhammad selbst zurück, sondern auf seinen Schreiber Zaid Ibn Thābit. Nach einer literarisch erstmals um 800 greifbaren Tradition, die aber wohl zu Recht auf den frühen Historiker Ibn Schihāb az-Zuhrī (gest. 742) zurückgeführt wird, sei Zaid durch den ersten Kalifen Abū Bakr (632–634) damit beauftragt worden, alle noch auffindbaren Koranstücke zu sammeln und schriftlich niederzulegen.[10] Auch den Prophetengefährten ʿAbdallāh ibn Masʿūd und Ubaiy ibn Kaʿb werden eigene Koransammlungen zugeschrieben, über die wir allerdings nur aus Werken der islamischen Koranwissenschaft unterrichtet sind. Von der Koranrezension Zaids sollen sie sich durch kleinere Textvarianten unterschieden haben; oft bestehen die überlieferten Abweichungen in Synonymersetzungen (so in 1:6, wo die Textfassung Ibn Masʿūds statt »*Leite* uns den geraden Weg!« gelautet haben soll: »*Führe* uns den geraden Weg!«) oder Vereindeutigungen des heutigen Standardtextes (so in 5:38, wo der Text Ibn Masʿūds anstelle der Anweisung, man solle Dieben »ihre Hände« abschneiden, von ihren »*rechten* Händen« gesprochen habe). Auch von Divergenzen in der Surenreihenfolge wird berichtet, wobei sich jedoch alle Koranrezensionen am Anordnungsprinzip nach absteigender Surenlänge orientiert zu haben scheinen. Wohl am interessantesten ist die Information, in Ibn Masʿūds Koranversion hätten die Suren 1, 112 und 113 gefehlt – vielleicht weil es sich dabei eher um Gebete als um göttliche Ansprachen handelt? –, während die Version Ubaiys noch zwei kurze zusätzliche Texte im Stile der heutigen Eröffnungssure enthalten habe.

Der dritte Kalif ʿUthmān (regierte 644–656) soll dann – wiederum az-Zuhrī zufolge – die Koranrezension Zaids zum offiziellen Standardtext erhoben haben, indem er Abschriften derselben in die Garnisonsstädte Kufa, Basra und Damaskus versandte; abweichende Koranmanuskripte seien vernichtet worden. Bei diesem auf ʿUthmān zurückgeführten Standardtext handelt es sich allerdings nur um ein Konsonantengerüst (arab. *rasm*), welches oft mehrdeutig ist. Die Ursache dafür liegt in der Eigenart der arabischen Schrift. Denn diese ist in ihrer historischen Grundform nicht nur eine reine Konsonantenschrift, sondern verfügt mit insgesamt 18 – im Wortinneren sogar nur 15 – Graphemen auch über einen Zeichenbestand, der den 28 Konsonanten der arabischen Sprache nicht annähernd gerecht wird. Ein und dasselbe Zeichen kann deshalb für bis zu fünf verschiedene Konsonanten (b, t, th, n oder y) stehen. Um den Wortlaut des Textes eindeutig zu repräsentieren, unterscheiden heutige Korandrucke solche homographen Konsonanten mittels »diakritischer« Punkte, die unter oder über den Grundbuchstaben gesetzt werden, und gebrauchen noch zusätzliche Vokalzeichen. Demgegenüber lässt das 'Uthmān zugeschriebene Konsonantengerüst einen nicht unbeträchtlichen Spielraum für divergierende Ausdeutungen, auch wenn der Textzusammenhang die Bandbreite prinzipiell möglicher Punktierungen und Vokalisierungen häufig einschränkt. Eine Vereindeutigung des 'uthmānischen Konsonantentextes durch Einfügung konsonantenunterscheidender Punkte soll um 700 al-Ḥajjāj ibn Yūsuf, der irakische Statthalter des Kalifen 'Abdalmalik, versucht haben, der wie 'Uthmān abweichende Handschriften zerstören ließ.[11]

Dennoch blieben offenbar auch weiterhin zahlreiche Lesungen des 'uthmānischen *rasm* im Umlauf, die sich nicht nur in der Vokalisierung, sondern auch in der Konsonantenpunktierung voneinander unterschieden. Zu einer gänzlichen Vereinheitlichung der Heiligen Schrift des Islams ist es niemals gekommen. Stattdessen stellte der Baghdader Gelehrte Ibn Mujāhid (gest. 936) sieben verschiedene Lesungen des koranischen *rasm*, die er auf prominente Koranleser des achten Jahrhunderts zurückführte, als gleichberechtigte Textfassungen nebeneinander (spätere Autoren erkennen teilweise zehn oder 14 Lesarten des 'uthmānischen Konsonantentextes an). Häufig sind dabei Unterschiede in der grammatischen Person und im Verbgeschlecht (Aktiv oder Passiv), da sich etwa die Verbformen »er tötet«, »er wird getötet«, »du tötest«, »du wirst getötet«, »wir töten« und »wir werden getötet« in der arabischen Schrift nur durch Punkte und Vokalzeichen unterscheiden. So wird beispielsweise zu der Aussage »Wir haben dich gesandt … / damit *ihr* an Gott und seinen Gesandten glaubt und ihm beisteht« (48:8–9) die alternative Lesart »damit *sie* an Gott und seinen Gesandten glauben und ihm beistehen« überliefert.

Nachprophetische Zusätze zum Koran?

Wie wahrscheinlich ist diese islamische Version der Koranredaktion im Vergleich mit den weiter oben angesprochenen Szenarien, die mit einer deutlich späteren Fixierung des Textes rechnen? Zumindest Wansbroughs extreme Spätdatierung der Koranredaktion in das neunte Jahrhundert wird heute nur noch selten vertreten, denn sie setzt voraus, dass sich der Abschluss des koranischen Korpus zur selben Zeit vollzogen hat wie das Einsetzen der islamischen Koranexegese, Rechtsliteratur und Prophetenbiographie. Dann aber wäre ein wesentlich höheres Passungsverhältnis zwischen dem Koran und der übrigen islamischen Tradition zu erwarten als tatsächlich besteht. Besonders gut lässt sich das an der Strafe für verbotenen Geschlechtsverkehr illustrieren. Während das sunnitische Recht hierfür im Falle von als *muḥṣan* (»behütet«) geltenden Personen (im Wesentlichen freie Muslime nach vollzogener Ehe) die Steinigung verlangt, sieht der Koran für »Unzüchtige« nur öffentliches Auspeitschen vor (24:2; vgl. auch die noch mildere Regelung in 4:15.16, wo bei nachträglicher Reue offenbar gar keine Strafe erforderlich ist). Die klassische Rechtsnorm, die sich vielleicht nach biblischem Vorbild (Deuteronomium 22:22–24) herausgebildet hat, steht also im Gegensatz zu einer – wenn auch recht allgemein formulierten – koranischen Bestimmung; erst nachträglich wurde Letztere dann mit der Steinigungsstrafe harmonisiert, indem man den betreffenden Koranvers 24:2 auf Fälle von Unzucht bezog, die nicht von als *muḥṣan* geltenden Personen begangen werden. Wäre das koranische Korpus noch bis Anfang des neunten Jahrhunderts im Fluss gewesen, so ist nicht verständlich, warum man die Diskrepanz nicht einfach dadurch beseitigte, dass der Korantext an die Steinigungsstrafe angepasst wurde. (Zwar gibt es tatsächlich Überlieferungen, denen zufolge das koranische Korpus zu Lebzeiten Muhammads einen sogenannten »Steinigungsvers« enthalten habe, der bei der Sammlung des Korans nicht berücksichtigt worden sei, doch scheint dieser Vers niemals als integraler Bestandteil des Korantextes akzeptiert worden zu sein.)

Ähnliche kontrafaktische Überlegungen lassen sich unter theologischem Gesichtspunkt anstellen. Beispielsweise bezieht der Koran zu der unter frühen Muslimen heftig umstrittenen Frage der menschlichen Willensfreiheit nicht eindeutig Stellung. Zahlreiche Passagen appellieren an die koranischen Hörer, die Einzigkeit Gottes sowie seine Macht zur Auferweckung der Toten anzuerkennen, und unterstellen damit eine genuine Entscheidungsfreiheit des Menschen. Andere Stellen hingegen (etwa 81:29) sprechen eher für eine göttliche Vorherbestimmung des menschlichen Tuns. Wäre der Text erst im neunten Jahrhundert fertiggestellt worden, als das Thema bereits Gegenstand theologischer Debatten geworden war, so hätte man im Hinblick auf das Problem der Willensfreiheit eine klarere Stellungnahme oder aber das Aufkommen theologisch unterschiedlich geprägter Koranrezensionen erwarten können.

Das koranische und nachkoranische Muhammad-Bild unterscheiden sich ebenfalls erheblich. Der Koran betont,

Muhammad sei lediglich ein Mensch »wie ihr«, dessen alleinige Aufgabe darin bestehe, die Einzigkeit Gottes zu verkünden (18:110, 41:6), und weist die gegnerische Forderung, Muhammad solle seine göttliche Sendung durch ein Wunder belegen, mehrfach zurück (6:37, 13:7). Außerkoranische Überlieferungen über Aussprüche und Taten des Propheten hingegen zeichnen ihn häufig als Wundertäter mit übermenschlichen Zügen.[12] Dass der Koran keinerlei Spuren dieses späteren Muhammad-Bildes aufgenommen hat, legt zweifellos eine relativ früh erreichte Textstabilität nahe. Auch prophetenbiographische Rahmungen einzelner Koranpassagen wie der weiter oben zusammengefasste Bericht über Muhammads erste Offenbarung konnten offensichtlich nicht mehr in den Korantext selbst eingetragen werde, sondern mussten die Gestalt separater Sekundärliteratur annehmen.[13]

Dass die Redaktoren des koranischen Konsonantentextes mit dem ihnen vorgegebenen Textmaterial außerordentlich konservativ verfahren sind, zeigt sich sogar auf sprachlicher Ebene. Der Koran enthält nämlich eine Handvoll Verse, deren Kasusgebrauch grundlegenden Regeln des klassischen Arabischen zuwiderläuft (2:177, 4:162, 5:69 und 20:63). Man scheint an ihnen bereits früh Anstoß genommen zu haben: Ein der Prophetengattin ʿĀ'ischa zugeschriebener Ausspruch bezeichnet diese Stellen als regelrechte Schreibfehler. Dennoch hat sich eine sprachliche Normalisierung, die nur eine minimale Modifikation des ʿuthmānischen *rasm* erfordern würde, nicht durchgesetzt.[14] Ein weiteres Beispiel für unterbliebene Textverbesserungen stellt Vers 3:96 dar, der besagt, dass das »erste Haus, welches für die Menschen begründet wurde, dasjenige in *bakka* ist«. Die islamische Tradition versteht den nur hier belegten Ausdruck *bakka* als Variante für Mekka (arab. *makka*), vermag den abweichenden Anlaut jedoch nur mit gewunden anmutenden Konstruktionen zu erklären. Die Tatsache, dass der einfachste Weg, das Problem zu beseitigen – nämlich ein B in ein M zu transformieren –, offenbar nicht gangbar war, spricht für eine frühe Festigkeit des Korantextes.

Aufgrund all dessen ist es wahrscheinlich, dass der Koran in der Tat die älteste Schicht der islamischen Literatur darstellt; er erscheint als ein Textdatum, an dem sich bereits frühe Muslime exegetisch abarbeiten mussten, ohne noch redaktionell in es eingreifen zu können. Wansbroughs Spätdatierung dürfte damit weitgehend vom Tisch sein. Nicht ganz so dezidiert lässt sich die Hypothese einer koranischen Endredaktion um 700 unter ʿAbdalmalik ausschließen, die sich in jüngeren Veröffentlichungen einer gewissen Beliebtheit erfreut.[15] Denn einerseits ist das Datum vielleicht gerade noch früh genug, um mit der zeitlichen Priorität des Korans gegenüber dem übrigen islamischen Schrifttum vereinbar zu sein. Andererseits finden sich, wie oben angedeutet, in islamischen Quellen Nachrichten, dass es unter ʿAbdalmalik zu einer orthographischen Überarbeitung des Korantextes gekommen ist. Verbirgt sich hinter solchen Hinweisen vielleicht eine weitergehende Überarbeitung des Korans, etwa eine Einfügung oder Tilgung zumindest kleinerer Textstücke?

Radikalisiert man diese Vermutung, so ergibt sich der Verdacht, bei den Nachrichten über eine ʿuthmānische Koranrezension könnte es sich um eine gänzlich unhistorische Legende handeln, die darauf abzielt, die Aufzeichnung des Korans möglichst nahe an den Tod Muhammads heranzurücken. Das ist jedoch recht unwahrscheinlich. Denn erstens wird die Durchsetzung des kanonischen Konsonantentextes ʿUthmān von islamischen Quellen verschiedener Couleur einstimmig zugeschrieben. Zweitens wird ʿUthmāns Maßnahme keineswegs nur gelobt, sondern war offenbar heftig umstritten: ʿUthmān wird vorgeworfen, die Mannigfaltigkeit verschiedener Koranrezensionen auf eine einzige reduziert zu haben, er wird als »Verbrenner« oder »Zerreißer« des Korans beschimpft, und die islamische Tradition weiß von einer ganzen Reihe von Koranstücken zu berichten, die in der ʿuthmānischen Rezension angeblich fehlten. Wäre ʿUthmāns Koranredaktion nur eine Legende, so ist nicht einzusehen, wie es zur Entstehung solcher kritischen Wertungen gekommen sein sollte – sofern man nicht postulieren will, die hypothetischen Urheber der ʿUthmān-Legende seien raffiniert genug gewesen, auch diese gegnerischen Stimmen mitzuerfinden, um spätere Historiker hinters Licht zu führen.[16]

Auch wenn man die Historizität von ʿUthmans Koranredaktion grundsätzlich anerkennt und nur damit rechnet, dass ʿAbdalmalik und al-Ḥajjāj stärker in den ʿuthmānischen Text eingegriffen haben, als es die islamische Tradition zugesteht, ergeben sich Schwierigkeiten. Insbesondere wäre zu erklären, warum die islamischen Quellen, die al-Ḥajjāj und den Umaiyaden teilweise sehr kritisch gegenüberstehen, keine konkreten Informationen über angeblich getilgte oder hinzugefügte Passagen überliefern, während dies im Hinblick auf die ʿuthmānische Rezension der Fall ist (wobei der um 830 schreibende christliche Apologetiker al-Kindī allerdings den Vorwurf erhebt, al-Ḥajjāj habe zahlreiche Passagen aus dem Koran entfernen lassen). Zudem sprechen zumindest einige der im vorigen Kapitel angestellten kontrafaktischen Überlegungen nicht nur gegen die extreme Spätdatierung Wansbroughs, sondern auch gegen eine substantielle Überarbeitung des Korantextes um 700 – etwa das Argument, dass man in diesem Falle eine stärkere Inbezugsetzung des Korans zum Leben Muhammads, eine größere Kontinuität zum späteren islamischen Prophetenbild sowie eine Glättung bestimmter sprachlicher Unebenheiten hätte erwarten können. Der kanonische *rasm* des Korans reicht also vermutlich wirklich in die Herrschaftszeit des dritten Kalifen ʿUthmān (644–656) zurück und könnte sogar noch älter sein, auch wenn er noch längere Zeit eine gewisse Variationsbreite aufgewiesen haben dürfte, etwa Unsicherheiten in der Orthographie und Versabteilung.[17] Diese Sichtweise harmoniert damit, dass ein frühes, in seiner erhaltenen Gestalt etwa 45 Prozent des ʿuthmānischen Konsonantengerüsts umfassendes Manuskript (der sogenannte »Kodex Parisino-Petropolitanus«) von François Déroche in das dritte Viertel des siebten Jahrhunderts datiert wird.[18] Ein in der Großen Moschee von Ṣanʿāʾ aufgefundenes Koranpalimpsest, für dessen Pergament die Radiokarbondatierung mit über 90-prozentiger Wahrscheinlichkeit eine Herstellung vor 655 ergibt, weist noch weitergehende Varianten auf, etwa Schwankungen in der grammatischen Person, die Auslassung, Hinzufügung oder Umstellung von Worten und von kürzeren Wendungen sowie Divergenzen in der Surenreihenfolge (wobei die Reihenfolge der Verse innerhalb einer bestimmten Sure jedoch so gut wie immer mit dem Standardtext identisch ist). Das Ṣanʿāʾ-Palimpsest belegt damit den auch von islamischen Quellen beschriebenen Sachverhalt, dass der ʿuthmānische *rasm* um 650 nicht die einzige existierende Koranrezension war. Gleichwohl sind die Differenzen zwischen dem Palimpsest und dem ʿuthmānischen Text bei Lichte besehen wenig spektakulär und stellen die Annahme, dass das koranische Korpus spätestens Mitte des siebten Jahrhunderts im Wesentlichen vorlag, nicht in Frage.[19]

Selbst mit ʿUthmān sind wir allerdings noch immer etwa zwei Jahrzehnte vom traditionell angenommenen Todesjahr Muhammads (632) entfernt – eine Periode, deren Länge ungefähr derjenigen der gesamten prophetischen Wirkungszeit Muhammads entspricht. Die weiter oben behandelte Tatsache, dass in verschiedenen Koranversen minimale sprachliche Glättungen unterblieben sind, legt zwar nahe, dass die Redaktoren des Korans den ihnen vorliegenden Textbestand nicht abänderten. Wie die prophetischen Bücher der Hebräischen Bibel zeigen, schließt eine in diesem Sinne konservative Redaktionstätigkeit jedoch nicht aus, dass vorgegebene Texteinheiten umsortiert, in neue Zusammenhänge gebracht oder durch Zusätze ergänzt werden. Es ist darum nicht nur damit zu rechnen, dass bei der Koranredaktion auf Muhammad zurückgehende Verkündigungen weggefallen sein könnten, sondern grundsätzlich auch mit der Möglichkeit sehr früh nach Muhammads Tod erfolgter Texterweiterungen. Die Frage, für welche konkreten Passagen diese Eventualität in Betracht zu ziehen ist und inwiefern solche Stellen ein einheitliches terminologisches und theologisches Profil an den Tag legen, wird die weitere Forschung zu klären haben.[20] Da der Koran jedoch keine offensichtlichen Anachronismen enthält, lässt sich zum gegenwärtigen Zeitpunkt kein Vers als mit Sicherheit nachprophetisch identifizieren.

Muhammad und sein Wirkungsumfeld im Spiegel des Korans

Dafür, dass das koranische Material zumindest größtenteils die Verlautbarungen eines Verkünders und Gemeindegründers Muhammad wiedergeben, spricht im Übrigen auch die allgemeine literarische Struktur des Korans, der neben Ansprachen an diverse Hörergruppen (z. B. »O ihr Gläubigen!«, »O ihr Kinder Israels!« oder auch einfach nur unspezifisch »Ihr«) auch zahlreiche Anreden in der zweiten Person Singular enthält. Obwohl man dieses koranische »Du« gelegentlich wie in den Zehn Geboten in einem generischen

Sinne verstehen könnte (»Du sollst nicht morden!«), lassen sich doch zahlreiche Stellen sinnvollerweise nur auf ein konkretes Individuum beziehen, das als »Gesandter«, »Warner« oder »Prophet« tituliert wird. Diesem koranischen Verkünder wird die Verwarnung seiner ungläubigen Landsleute sowie die Ausrichtung bestimmter göttlicher Botschaften aufgetragen (»Sprich: ...!«), ihm wird Trost zugesprochen, und er wird gegen diverse Verdächtigungen und Unterstellungen in Schutz genommen (vgl. 68:2–6: »Du bist dank der Gnade deines Herrn nicht besessen! / Dein Lohn wird dir nicht vorenthalten! / Du bist von großer Wesensart! / Du wirst sehen, und sie werden sehen, / wer es ist, der geprüft wird!«). Gelegentlich kommentieren die Korantexte sogar Familienangelegenheiten des Verkünders, etwa in 33:37, wo von seiner Heirat mit der geschiedenen Frau seines Adoptivsohnes Zaid die Rede ist; an vier Stellen wird dieser »Gesandte« überdies mit dem Namen »Muḥammad« (wörtlich »gepriesen, lobenswert«) bezeichnet (3:144, 33:40, 47:2 und 48:29).

Dass es sich bei all diesen Passagen um Einschübe aus dem späten siebten oder frühen achten Jahrhundert handelt, die dazu dienen, die islamische Schrift mit einer fiktiven Gründergestalt zu verknüpfen, ist gerade angesichts der sehr frühen Bezeugung Muhammads in außerislamischen Quellen wenig glaubhaft. Auch der Koran selbst vermittelt nicht den Eindruck, als habe er eine nachträgliche Überarbeitung erfahren, die speziell auf eine Anbindung des koranischen Materials an die Figur Muhammads abzielte. Man hätte eine solche Verknüpfung wohl auf eindeutigere Weise umzusetzen gewusst als durch die Einfügung vager Anspielungen der obigen Art: Zu erwarten gewesen wäre etwa eine Einschaltung von Berichten über Muhammads Wirken (man vergleiche die in das Jesaja-Buch aufgenommenen Legenden in Jesaja 36–39), insbesondere über seine prophetische Berufung (wie in Jesaja 6:1–12 und Jeremia 1:4–19), oder zumindest die Einfügung von auf das Leben Muhammads bezüglichen Überschriften (vgl. etwa Jesaja 1:1 oder Jeremia 1:1–3 sowie die verschiedenen Psalmenüberschriften, welche den jeweils folgenden Text mit dem Leben Davids assoziieren, beispielsweise Psalm 3:1).

Lassen sich aus dem Koran, d. h. ohne Rückgriff auf die in vielerlei Hinsicht problematische spätere islamische Tradition, noch weitere Informationen über das Wirkungsumfeld Muhammads gewinnen? Obwohl der Text an historischen Details wenig ergiebig ist, enthält er immerhin eine Handvoll aufschlussreicher Ortsbezüge.[21] Sure 106 etwa ermahnt »die Quraisch« (V. 1), »dem Herrn dieses Hauses zu dienen« (V. 3). Bei diesem »Haus« handelt es sich offenbar um ein Heiligtum, das einer anderen Passage (2:125–128) zufolge bereits durch Abraham begründet wurde und im Zentrum von Pilgerriten (etwa einer rituellen Umkreisung) steht. 5:97 identifiziert »das unantastbare Haus« explizit mit der Kaʿba und verbindet es gleichfalls mit diversen Pilgerbräuchen (vgl. auch 5:2), während eine ganze Reihe weiterer Stellen anstatt vom »unantastbaren Haus« vom »unantastbaren Ort der Niederwerfung« (*al-masjid al-ḥarām*) sprechen, wiederum im Zusammenhang mit Pilgerriten (z. B. 2:144, 149, 191 und 196). Andere Verse lassen einen militärisch ausgetragenen Konflikt zwischen der koranischen Gemeinde und den »Ungläubigen« um den Zugang zu diesem Heiligtum erkennen (vgl. 2:191, 2:217, 8:34 und 22:25). Besonders aufschlussreich sind 48:24–25, die zu verstehen geben, dass es »im Tal von Mekka« zu einem Aufeinandertreffen mit den »Ungläubigen« gekommen ist, »die euch vom unantastbaren Ort der Niederwerfung abgehalten haben«. Das umkämpfte Heiligtum scheint also in oder bei Mekka zu liegen. Von Interesse ist schließlich noch die Passage 33:9–27: Dort wird den

Hörern ein mit Gottes Hilfe zurückgeschlagener Angriff auf ihren Wohnort ins Gedächtnis gerufen, wobei der Name »Yathrib« fällt (V. 13); später in derselben Sure (V. 60) ist dann auch von »der Stadt« (*al-madīna*) die Rede.

Sofern man die gerade betrachteten Koranpassagen als authentische Bestandteile des Korans akzeptiert, zeichnet sich die folgende Konstellation ab: Die in Yathrib/Medina ansässige und von Muhammad geführte koranische Gemeinde befindet sich in einer Belagerungen und Schlachten involvierenden militärischen Auseinandersetzung mit »den Ungläubigen« und versucht, die Kontrolle über ein mit Mekka assoziiertes Wallfahrtsheiligtum (Gottes »Haus« bzw. den »unantastbaren Ort der Niederwerfung«) zu erlangen – ein Bemühen, das offenbar von Erfolg gekrönt war, insofern manche Koranverse (5:1–2 sowie 9:7 und 28) die reale Möglichkeit einer Durchführung der Pilgerfahrt voraussetzen. All dies deckt sich mit Grundzügen der islamischen Überlieferung über das Leben Muhammads. Das topographisch-chronologische Grundgerüst der islamischen Tradition – Muhammad beginnt seine Verkündigung in Mekka, muss mit seinen Anhängern nach Medina ausweichen und kann schließlich das mekkanische Heiligtum einnehmen – stellt deshalb nach wie vor das plausibelste Modell der Korangenese dar, auch wenn ein absolut zwingender Beweis – wie so oft in der Geschichtsschreibung – nicht möglich ist.

In welchem Maße es legitim ist, die weiter oben aus dem Koran erhobene Basiskonstellation von Akteuren und Orten durch Informationen aus der islamischen Tradition zu ergänzen, wird wohl umstritten bleiben: Auch wenn man zugesteht, dass in Sure 33 eine erfolglose Belagerung Yathribs durch ein feindliches Stämmebündnis vorausgesetzt wird, so folgt daraus noch nicht, dass man dieses Ereignis mit der »Grabenschlacht« des Jahres 627 identifizieren darf und die detaillierten Beschreibungen dieser Schlacht in islamischen Quellen zur Erhellung des Hintergrunds der betreffenden Koranpassagen heranziehen kann. Für die exegetische Arbeit am Koran ist dies aber vielleicht gar nicht erforderlich: Denn der anekdotische Detailreichtum der islamischen Tradition muss keineswegs zu einem besseren Verständnis der theologischen Aussage einer Koranpassage beitragen.

In zumindest einer Hinsicht allerdings ist die Frage, inwieweit ein Rückgriff auf Daten der islamischen Tradition statthaft ist, äußerst bedeutsam. Denn obwohl der Koran sowohl Mekka als auch Yathrib erwähnt, lässt sich daraus nicht ableiten, *wo* diese Orte liegen. Die Vermutung, das koranische Mekka sei möglicherweise nicht mit dem Mekka der späteren islamischen Tradition identisch, hat besonders Patricia Crone verfolgt. Tatsächlich gibt es für Mekka keinen zweifelsfreien vorkoranischen Beleg: Zwar nennt Claudius Ptolemäus (2. Jahrhundert n. Chr.) in seiner *Geographie* einen westarabischen Ort namens »Macoraba«, doch lässt sich diese Bezeichnung trotz einer oberflächlichen Ähnlichkeit linguistisch nicht ohne weiteres mit »Mekka« verbinden; zudem liegt Ptolemäus' Macoraba weiter östlich als das islamische Mekka.[22] Verschärft wird das Problem dadurch, dass zahlreiche Koranpassagen Naturbeschreibungen enthalten, die sich nicht gut mit den kargen Verhältnissen im westarabischen Mekka decken.[23] Ein gutes Beispiel hierfür bietet Sure 16:3 ff., wo den Hörern eine Liste von göttlichen Gnadenerweisen aufgezählt wird: Gott habe Pferde, Maultiere und Esel geschaffen, »damit ihr auf ihnen reitet«; er »sendet vom Himmel Wasser herab, von dem ihr Trank habt, und Gebüsch, in dem ihr weiden lasst«; er lasse dadurch »Getreide wachsen und Ölbäume, Palmen, Rebstöcke und von allen Früchten« etc. Stammt der Koran, wie Crone mutmaßt, also vielleicht doch eher aus einer näher an Syrien und Palästina gelegenen Region, wo anders als in Westarabien etwa Ölbäume gedeihen?

Man darf jedoch nicht aus dem Auge verlieren, dass koranische Naturschilderungen offensichtlich in einer literarischen Tradition stehen, die bis auf die biblischen Psalmen zurückreicht. Man vergleiche etwa Sure 16:3 ff. mit Psalm 104:10–15 (Einheitsübersetzung): »Du lässt die Quellen hervorsprudeln in den Tälern, sie eilen zwischen den Bergen dahin. / Allen Tieren des Feldes spenden sie Trank, die Wildesel stillen ihren Durst daraus. / An den Ufern wohnen die Vögel des Himmels, aus den Zweigen erklingt ihr Gesang. / Du tränkst die Berge aus deinen Kammern, aus deinen Wolken wird die Erde satt. / Du lässt Gras wachsen für das Vieh, auch Pflanzen für den Menschen, die er anbaut, damit er Brot gewinnt von der Erde / und Wein, der das Herz des Menschen erfreut, damit sein Gesicht von Öl erglänzt und Brot das Menschenherz stärkt.« Koranische Naturbeschreibungen machen also von hergebrachten literarischen Motiven Gebrauch. Crones Annahme, sie würden auf direkte Weise die ökologischen Bedingungen ihres Entstehungsortes spiegeln, ist deshalb fraglich. Eher scheinen die Koranverkündigungen eine theologisch motivierte Auswahl aus dem Gesamtspektrum der ihren Hörern bekannten Naturbedingungen – zu denen auch die fruchtbareren Verhältnisse im syrisch-palästinensischen Raum sowie im Jemen gehört haben dürften – treffen: So wie sich die unendlichen Weiten der arabischen Wüste als effektvolle literarische Bühne für den Kriegerhelden der altarabischen Dichtung eignen, so lässt sich das koranische Bild von einem die Menschen gütig umsorgenden Gott eher durch psalmisch geprägte Verweise auf Regen und blühende Pflanzen als durch die Schilderung wasserloser Einöden vermitteln.

Zweifellos sind damit nicht alle von Crone aufgeworfenen Schwierigkeiten gelöst. In Sure 37:137 f. etwa wird den koranischen Hörern im Anschluss an eine kurze Nacherzählung der Rettung Lots und der Zerstörung Sodom und Gomorras vor Augen gehalten, die Angesprochenen würden »morgens und an ihnen vorbeikommen, / und in der Nacht«. Anscheinend wird hier vorausgesetzt, dass von den Opfern des beschriebenen Strafgerichts noch sichtbare Überreste – etwa eine Ruinenstätte oder eine mit der Sage in Verbindung gebrachte Felsformation – vorhanden sind. Legt man die traditionelle Lokalisierung von Sodom und Gomorra in der Nähe des Toten Meeres zugrunde, ist schwer einzusehen, wie die Bewohner Mekkas imstande sein könnten, die betreffende Gegend gleich zwei Mal täglich, morgens und abends, zu passieren. Oder will der Vers nur sagen, dass man die betreffende Stätte sowohl morgens und abends in Augenschein nehmen *könnte?* Oder spielt er auf eine Stätte an, die in der Nähe Mekkas gelegen ist? Einen zwingenden Grund dafür, die herkömmliche Lokalisierung der Korantexte aufzugeben, geben solche offenen Fragen aber nicht ab. Der vorliegende Band hält deshalb weitgehend an einer auf Grundzüge reduzierten Version des traditionellen islamischen Geschichtsbilds fest.

Anmerkungen

1 Das Beispiel entstammt Hans Zirker, *Der Koran. Zugänge und Lesarten*, Darmstadt ²2012, 76.

2 Zum Problem des mekkanischen Handels siehe Patricia Crone, »Quraysh and the Roman army: Making sense of the Meccan leather trade«, *BSOAS* 70/1 (2007), 63–88.

3 Gregor Schoeler, *The Biography of Muḥammad. Nature and Authenticity*, New York/London 2011, 38–79.

4 John Wansbrough, *Quranic Studies. Sources and Methods of Scriptural Interpretation*, Oxford 1977; ders. *The Sectarian Milieu. Content and Composition of Islamic Salvation History*, Oxford 1978.

5 Peter Pentz, *The Invisible Conquest. The Ontogenesis of Sixth and Seventh Century Syria*, Kopenhagen 1992.

6 Yehuda Nevo und Judith Koren, *Crossroads to Islam. The Origins of the Arab Religion and the Arab State*, Amherst 2003.

7 Stefan Heidemann, »The Evolving Representation of the Early Islamic Empire and its Religion on Coin Imagery«, in: *The Qur'ān in Context. Literary and Historical Investigations into the Qur'anic Milieu*, hg. von Angelika Neuwirth, Nicolai Sinai und Michael Marx, Leiden 2010, 149–196.

8 Zu außerislamischen Berichten über den frühen Islam siehe Robert Hoyland, *Seeing Islam as Others Saw It. A Survey and Evaluation of Christian, Jewish, and Zoroastrian Writings on Early Islam*, Princeton 1997, und James Howard-Johnston, *Witnesses to a World Crisis. Historians and Histories of the Middle East in the Seventh Century*, Oxford/New York 2010.

9 Vgl. Stephen Shoemaker, *The Death of a Prophet. The End of Muhammad's Life and the Beginnings of Islam*, Pennsylvania 2012, 18–72.

10 Siehe im Detail Harald Motzki, »The Collection of the Qur'ān: A Reconsideration of Western Views in Light of Recent Methodological Developments«, *Der Islam* 78 (2001), 1–34.

11 Siehe im Einzelnen Omar Hamdan, »The Second *Maṣāḥif* Project: A Step Towards the Canonization of the Qur'anic Text«, in: *The Qur'ān in Context*, a. a. O., 795–835.

12 Siehe Fred M. Donner, *Narratives of Islamic Origins. The Beginnings of Islamic Historical Writing*, Princeton 1998, 50–52.

13 Vgl. die ähnlichen Überlegungen in Daniel Madigan, »Reflections on Some Current Directions in Qur'anic Studies«, *Muslim World* 85 (1995), 345–362, hier 353 f.

14 Otto Pretzl, *Geschichte des Qorāns*, Bd. 3: *Die Geschichte des Korantexts*, Leipzig 1938, 1–6; John Burton, »Linguistic Errors in the Qur'ān«, *Journal of Semitic Studies* 33/2 (1988), 181–196.

15 Alfred-Louis de Prémare, »'Abd al-Malik b. Marwān et le Processus de Constitution du Coran«, in: *Die dunklen Anfänge. Neue Forschungen zur Entstehung und frühen Geschichte des Islam*, hg. von Karl-Heinz Ohlig und Gerd-R. Puin, Berlin 2005, 179–210; Shoemaker, a. a. O., 146–158.

16 Gregor Schoeler, »The Codification of the Qur'an: A Comment on the Hypotheses of Burton and Wansbrough«, in: *The Qur'ān in*

Context, a. a. O., 779–794, hier 787 f.; im selben Sinne Etan Kohlberg und Mohammad Ali Amir-Moezzi, *Revelation and Falsification. The* Kitāb al-qirā'āt *of Aḥmad b. Muḥammad al-Sayyārī*, Leiden 2009, 22, Anm. 108. Zu angeblichen Auslassungen im 'uthmānischen Text siehe Theodor Nöldeke und Friedrich Schwally, *Geschichte des Qorāns*, Bd. 1: *Über den Ursprung des Qorāns*, Leipzig 1909, 234 ff. Zur Historizität der 'uthmānischen Rezension siehe jetzt auch Behnam Sadeghi und Uwe Bergmann, »The Codex of a Companion of the Prophet and the Qur'ān of the Prophet«, *Arabica* 57 (2010), 343–436, hier 364 ff.

17 Vgl. die ausführliche Analyse der in Manuskripten zu findenden Textvarianten zu 14:35–41 in Keith E. Small, *Textual Criticism and Qur'ān Manuscripts*, Lanham/Plymouth 2011. Zu in der islamischen Literatur überlieferten Divergenzen zwischen verschiedenen Abschriften der 'uthmānischen Koranrezension siehe Michael Cook, »The Stemma of the Regional Codices of the Koran«, *Graeco-Arabica* 9–10 (2004), 89–104.

18 François Déroche, *La transmission écrite du Coran dans les débuts de l'islam. Le codex Parisino-petropolitanus*, Leiden 2009, 156 f.

19 Siehe Sadeghi und Bergmann, »The Codex of a Companion«, a. a. O., sowie Behnam Sadeghi und Mohsen Goudarzi, »Ṣan'ā' 1 and the Origins of the Qur'ān«, *Der Islam* 87 (2012), 1–129.

20 Zwei jüngst erschienene Studien betrachten eine ganze Reihe von Koranstellen als nachprophetisch: Shoemaker, a. a. O., sowie Karl-Friedrich Pohlmann, *Die Entstehung des Korans. Neue Erkenntnisse aus Sicht der historisch-kritischen Bibelwissenschaft*, Darmstadt 2012.

21 Der folgende Absatz basiert auf Neil Robinson, *Discovering the Qur'an. A Contemporary Approach to a Veiled Text*, Washington D. C. [2]2007, 30–32.

22 Patricia Crone, *Meccan Trade*, Princeton 1987, 134–136.

23 Patricia Crone, »How did the quranic pagans make a living?«, *Bulletin of the School of Oriental and African Studies* 68/3 (2005), 387–399.

II. Der historische Kontext des Korans

Ein Verständnis des geschichtlichen Milieus, aus dem der Koran stammt, ist aus verschiedenen Gründen von grundlegender Bedeutung. Warum ist es gerade im spätantiken Arabien zur Entstehung einer eigenständigen Offenbarungsschrift in biblischer Tradition gekommen? Inwiefern war dort jüdisches und christliches Gedankengut bekannt, mit dem der Koran offensichtlich vertraut ist? Hingen die vorislamischen Araber wirklich mehrheitlich polytheistischen Vorstellungen an, wie die islamische Tradition berichtet? Der zweite Teil des Bandes soll die historische Bühne der Korangenese ausleuchten, bevor der dritte Teil auf die koranischen Verkündigungen selbst zu sprechen kommt.

Arabien in der Spätantike

Auch wenn das koranische Korpus wohl tatsächlich zu Beginn des siebten Jahrhunderts im westlichen Arabien entstanden ist, bedeutet das nicht, dass der Text deshalb einem kulturellen Vakuum entstammt, gleichsam »aus der Wüste« kommt. Dies wird schon dadurch widerlegt, dass er zu Hörern spricht, die mit zahlreichen Begriffen, Vorstellungen und Erzählungen der biblischen Tradition vertraut sein müssen. Eine frühe Sure etwa begründet Gottes Allmacht mit der rhetorischen Frage (85:17–18): »Ist nicht die Geschichte von den Heerscharen zu dir gekommen, / von Pharao und von den Thamud?« Wer Pharao ist, wird hier offenbar als den Hörern bekannt vorausgesetzt. (Dasselbe gilt natürlich für die Thamud, einen altarabischen Stamm, der, wie spätere Korantexte ausführen, durch ein göttliches Strafgericht ausgelöscht worden ist.) Mehrfach wird den koranischen »Ungläubigen« zudem die abfällige Äußerung zugeschrieben, bei Muhammads Ankündigungen von Auferstehung und Jüngstem Gericht handele es sich lediglich um »Fabeln früherer Generationen« (vgl. etwa 68:15 und 83:13) – also um Ammenmärchen, die man zwar nicht als glaubwürdig empfand, offenbar aber recht gut kannte. Auch linguistisch weist der Koran deutliche Spuren eines kulturellen Kontakts mit dem syrisch-mesopotamischen Raum auf: Wie bereits die ältere Orientalistik erkannt hat, sind zahlreiche religiöse Termini im Koran wie *ṣalāt* für »Gebet« oder *sabbaḥa* für »lobpreisen« aus dem Aramäischen abzuleiten, das über den ganzen Fruchtbaren Halbmond verbreitet war.

Es wäre falsch zu glauben, diese Sachverhalte ließen sich nur dadurch befriedigend erklären, dass man die Koranegenese von Mekka und Medina nach Syrien oder Mesopotamien verschiebt. Denn das spätantike Arabien, obgleich außerhalb der byzantinischen und sassanidischen Reichsgrenzen gelegen, war doch auf vielfältige Weise in die spätantike Ökumene eingebunden. Sowohl die Byzantiner als auch die Sassaniden waren daran interessiert, ihre Grenzen zur arabischen Wüste gegen Nomadeneinfälle zu sichern, und schlossen zu diesem Zweck Bündnisse mit verschiedenen arabischen Stammesfürsten ab. Diese waren im Gegenzug für finanzielle Zuwendungen, mittels derer sie weitere Stammesgruppen an sich zu binden vermochten, dazu verpflichtet, ihrem jeweiligen Oberherrn militärische Unterstützung zu leisten, und zwar nicht zuletzt in den im sechsten Jahrhundert wieder aufflammenden byzantinisch-sassanidischen

Kriegen. So verlieh der byzantinische Kaiser Justinian (reg. 527–565) 530 dem Ghassanidenfürsten al-Ḥārith ibn Jabala die Königswürde, während die Sassaniden sich auf die im südirakischen Hira residierenden Lakhmiden unter al-Mundhir ibn Nu'mān stützten.

Auch im Jemen, dem Südwesten der Arabischen Halbinsel, waren die beiden Großmächte präsent: Im Jahre 525 hatte Ella Aṣbeḥa, der christliche Herrscher des Reichs von Aksum im heutigen Äthiopien, mit byzantinischer Unterstützung Südarabien erobert und dort einen Klientelkönig eingesetzt. Für die nächsten fünfzig Jahre wurde der Jemen durch die christliche Dynastie des Abraha und seiner Söhne regiert. Auf Bitten einer lokalen Adelsopposition intervenierten 575 jedoch die Sassaniden und unterstellten Südarabien einem sassanidischen Statthalter. Das westarabische Entstehungsmilieu des Korans rückte damit immer mehr in den geostrategischen Einzugsbereich der spätantiken Hegemonialmächte. Um 550 unternahm der südarabische Herrscher Abraha sogar eine Militärexpedition nach Zentralarabien, die in der islamischen Tradition als ein nur durch wundersamen göttlichen Beistand abgewehrter Angriff auf Mekka erinnert wird.

Mit den Byzantinern und Sassaniden verbündete Stammesfürsten wie die Ghassaniden und Lakhmiden dürften als kulturelle Transmissionsriemen fungiert haben, die Objekte, Fertigkeiten und Ideen aus den imperialen Zentren der Alten Welt in die Halbinsel beförderten.[1] Dies wird eindrucksvoll durch Ausgrabungen in Qaryat al-Fau im heutigen Saudi-Arabien belegt, dem vormaligen Sitz der Kinda-Fürsten, die im fünften und sechsten Jahrhundert den südarabischen Himyariten und später auch den Byzantinern als Klientelherrscher über die mittelarabischen Stämme dienten. Die dort zutage geförderten hellenistischen Fresken[2] zeigen, wie weit im Innern der arabischen Peripherie man unter bestimmten Umständen mit Traditionen aus dem alten nahöstlichen Kulturland zu rechnen hat. Für eine geschichtliche Einordnung des Korans ist natürlich die Frage relevant, ob es auch in religiöser Hinsicht zu einem ähnlichen Sickerungsprozess gekommen ist, worauf das nächste Kapitel gesondert eingehen wird.

Eine für die Korangenese außerordentlich bedeutsame Entwicklung, die vermutlich ebenfalls aus der wachsenden imperialen Einbindung arabischer Stammesherrscher zu erklären ist, wird in einigen Inschriften aus dem syrisch-jordanischen Raum greifbar, die zwischen 512 und 569 n. Chr. entstanden sind. Sie sind nicht nur, wie bereits ein paar ältere Inschriften, auf Altarabisch, dem Vorläufer des klassischen Arabischen, verfasst, sondern gebrauchen erstmals auch eine frühe Form des arabischen Alphabets. Inzwischen gilt als gesichert, dass sich dieses aus einer Schrift entwickelt hat, die ursprünglich für das nabatäische Aramäisch verwendet wurde – ein Transformationsprozess, der eine kontinuierliche arabische Schriftpraxis voraussetzt, auch wenn diese uns nur noch bruchstückhaft zugänglich ist.[3] Mit Robert Hoyland kann man im Verfassen altarabischer Texte und Inschriften ein Indiz dafür sehen, dass sich eine durch die arabische Sprache bestimmte kulturelle Identität herauszubilden begann. In dieselbe Richtung weist die etwa zeitgleiche Blüte der altarabischen Dichtung: Aus beduinischen Ursprüngen hervorgegangen, wurde sie auch an den Höfen der Lakhmiden und Ghassaniden gefördert, wo das in ihr formulierte Kriegerideal zweifellos der kulturellen Selbstvergewisserung diente. Auch der Koran selbst manifestiert diesen Prozess arabischer Identitätsbildung, insofern sein Alleinstellungsmerkmal, nämlich die biblische Offenbarungstradition erstmals in arabischer Sprache zugänglich zu machen, in zahlreichen Versen offensiv herausgestellt wird: »Dies sind die Zeichen der deutlichen Schrift. / Wir haben sie als eine arabische Rezitation hinabgesandt, auf dass ihr verständig seid.« (12:2; vgl. auch 20:113, 41:44 und 42:7)

Juden und Christen im vorislamischen Arabien

Wie stellte sich nun die religiöse Lage im spätantiken Nahen Osten und auf der Arabischen Halbinsel dar? Zumindest im Westen des Fruchtbaren Halbmonds, auf byzantinischem Gebiet, war das Christentum dominant, präsentierte sich allerdings in großer sprachlicher und dogmatischer Vielfalt: In Ägypten und Syrien hatten sich auf der Grundlage des Monophysitismus – der Vorstellung, dass Jesus nur *eine* gottmenschliche Natur besitzt – eigenständige Kirchenstrukturen herausgebildet, die aufgrund ihrer Differenzen zur byzantinischen Reichskirche teilweise staatlichen Verfolgungen ausgesetzt waren. Im Unterschied zur griechischsprachigen Reichskirche bedienten sich die syrischen Monophysiten des Syrisch-Aramäischen, das sich bereits im frühen dritten Jahrhundert zu einer christlichen Literatursprache entwickelt hatte. Im Sassanidenreich, dessen offizielle Religion der Zoroastrismus war, gab es ebenfalls aramäischsprachige Christen, unter denen sich eine wiederum andere, nämlich »dyophysitische« bzw. »nestorianische«, Christologie durchsetzte, welche die Unvermischtheit von Jesu christlicher und menschlicher Natur betonte. Christlich war seit Mitte des vierten Jahrhunderts zudem das Reich von Aksum.

Auch in Syrien und Mesopotamien siedelnde Araberstämme nahmen das Christentum an, und zwar oft im Kontakt mit als Wundertätern verehrten Einsiedlern und Mönchen. Der Ghassanidenfürst al-Ḥārith ibn Jabala bezog im sechsten Jahrhundert zugunsten der monophysitischen Variante des Christentums Stellung, die zugleich eine gewisse Nähe zum christlichen Byzanz als auch dogmatische Distanz und damit Eigenständigkeit signalisiert haben könnte. Hira, der Sitz der mit den Sassaniden verbündeten Lakhmidendynastie, wies ebenfalls eine bedeutende christlich-arabische Bevölkerungsgruppe auf, die »Gottesdiener« (*ʿibād*), die dem »nestorianischen« Christentum zugerechnet werden.[4]

Obwohl christliche Missionare sich im Orient häufig volkssprachlicher Bibelübersetzungen bedient haben und so den Grundstein für die Entwicklung etwa des Armenischen oder Äthiopischen zu genuinen Schriftsprachen legten, fehlt es an Belegen für eine vorislamische arabische Bibelübersetzung. Wahrscheinlich predigten und beteten arabische Christen in erster Linie auf Syrisch-Aramäisch. Dennoch dürften sich zumindest für bestimmte grundlegende christliche Begrifflichkeiten arabische Entsprechungen eingebürgert haben. Es ist gut möglich, dass die religiöse Terminologie des Korans teilweise auf solchen mündlichen Übersetzungsvorgängen fußt: Wenn der Koran etwa für »Gebet« das aramäische Lehnwort *ṣalāh* gebraucht oder die Auferweckung der Toten mit dem Verb *baʿatha* (wörtlich »losschicken«) bezeichnet, so könnten christliche Araber diese Ausdrücke bereits lange vor dem Koran geprägt haben.

Neben christlichen gab es auch jüdische Araber: In verschiedenen westarabischen Oasenstädten, unter anderem in Medina, sollen islamischen Quellen zufolge jüdische Stämme ansässig gewesen sein. Die in verschiedenen Suren enthaltenen Polemiken gegen die »Israeliten« sowie die stellenweise überraschend präzise Bezugnahme mancher Koranpassagen auf rabbinisches Überlieferungsgut, etwa ein in 5:32 enthaltenes Mischnazitat, sprechen für die grundsätzliche Glaubwürdigkeit dieser Angabe. Inschriften belegen zudem, dass sich die südarabischen Himyaritenkönige bereits seit Ende des vierten Jahrhunderts zu einem jüdisch geprägten Monotheismus bekannten.[5] In welchem Maße jüdische Araber über eine vertiefte Kenntnis des Talmuds und weiterer rabbinischer Literatur verfügten, ist allerdings nicht sicher zu ermitteln.

Darüber hinaus haben westliche Wissenschaftler immer wieder vermutet, das Entstehungsmilieu des Korans könnte von Judenchristen geprägt gewesen sein, also Christen, die gegen Paulus an der Geltung des mosaischen Gesetzes festhielten und von der Mehrheitskirche als Ketzer bekämpft wurden. Hinweise darauf hat man vor allem im Koran selbst gesucht, etwa in der koranischen Prophetenfolge, die von Adam bis Jesus reicht, dabei aber die alttestamentlichen Schriftpropheten wie Amos und Jesajah auslässt. Die Liste weist tatsächlich Ähnlichkeiten mit den »Pseudoklementinen« auf, einem wohl im vierten Jahrhundert endredigierten Textkorpus, das Paulus negativ zeichnet und darin judenchristliche Züge trägt. Abgesehen von solchen Parallelen fehlt jedoch jeglicher Beleg für eine Präsenz judenchristlicher Gruppen im Arabien der unmittelbar vorkoranischen Zeit. Die gelegentlich geäußerte These, die Kritik des Korans an den Glaubensüberzeugungen der Christen, die im Koran »Nazoräer« (*naṣārā*) heißen, passe am ehesten auf Judenchristen, ist jüngst durch Sydney Griffith einer überzeugenden Kritik unterzogen worden.[6]

Das vorislamische Heidentum

Die überwiegende Bevölkerungsmehrheit der Arabischen Halbinsel scheint jedenfalls weder christlich noch jüdisch gewesen zu sein. Bischofssitze sind nur für byzantinisches und sassanidisches Reichsgebiet sowie für das südarabische Najrān bezeugt; und obgleich islamische Quellen durchaus von einer Anwesenheit von Christen in Mekka berichten, schildern sie diese doch als Einzelgänger und Außenseiter, etwa als Sklaven oder von außerhalb stammende Kaufleute. Um 600 dominierten auf der Arabischen Halbinsel also wohl tatsächlich noch pagane (nichtjüdische und nichtchristliche) Bräuche und Kulte. Angesichts der Tatsache, dass nur die Peripherie der Halbinsel in direkte Berührung mit dem Byzantinischen und Sassanidischen Reich gekommen war, ist dies nicht unbedingt verwunderlich: Zu einer nachhaltigen Christianisierung neuer ethnischer Gruppen ist es in der Spätantike und im frühen Mittelalter zumeist dann gekommen, wenn diese Gruppen in engen Kontakt zum Römischen Reich traten (wie die Goten), wenn es christlichen Missionaren gelang, den König einer solchen Völkerschaft zu gewinnen (wie etwa den angelsächsischen König Ethelbert), was zentralisierte Herrschaftsstrukturen voraussetzt, oder wenn ein bereits christlicher Herrscher seinen Machtbereich gewaltsam ausdehnte (wie im Zuge der Sachsenkriege Karls des Großen).

Welche religiösen Vorstellungen und Bräuche sind für diese paganen Bewohner der Arabischen Halbinsel anzunehmen? Wiederum muss der Forscher entscheiden, in welchem Maße er späteren islamischen Autoren wie Ibn al-Kalbī (gest. 819 oder 821) vertraut, der in seinem *Buch der Götzen* die verschiedenen altarabischen Gottheiten mitsamt ihrer Kulte und Heiligtümer beschreibt. Weil das von Ibn al-Kalbī gesammelte Material auch die Funktion hat, die zivilisierende Botschaft des Korans von der »Barbarei« (*al-jāhilīya*) der vorislamischen Zeit abzuheben, wird man im Sinne John Wansbroughs »heilsgeschichtlich« motivierte Legenden und Konstruktionen zu gewärtigen haben. Dennoch ist ein gewisser Grundstock an Gottes- und Ortsnamen wohl authentisch; so sind die drei von Ibn al-Kalbī genannten Hauptgottheiten der vorislamischen Araber, nämlich Manāt, al-Lāt und al-'Uzzā, auch inschriftlich und in antiken Texten gut bezeugt.[7] Zumindest von Grundzügen der religiösen Praxis im alten Arabien dürften die islamischen Quellen deshalb ein näherungsweises Bild bieten, für das ich mich auf Arbeiten Julius Wellhausens und Ludwig Ammanns stütze.[8]

Obgleich viele Stämme der Halbinsel nomadisch lebten, vollzog sich das religiöse Leben an stationären Heiligtümern. Kultausübung konnte folglich nur sporadisch, während der Anwesenheit an einem solchen Heiligtum stattfinden und bildete keinen regelmäßigen Bestandteil des Alltags. Im Zentrum der religiösen Verehrung standen Steine und Felsblöcke, welche diverse Gottheiten repräsentierten. Sie dienten entweder als Altäre, die mit dem Blut von Opfertieren bestrichen wurden, oder waren teilweise behauen und hatten den Charakter von Götterbildern; auch von heiligen Bäumen sprechen die Quellen. Um die eigentliche Kultstätte herum lag ein geweihter Bezirk, der sich häufig durch eine ungewöhnliche natürliche Beschaffenheit – etwa eine Quelle oder ein Waldgebiet – auszeichnete und innerhalb desselben nicht gejagt und keine Bäume gefällt werden durften. Besucher eines Heiligtums brachten Schlachtopfer und Weihegaben dar oder ließen im heiligen Bezirk Kamele frei, wohl um damit Dank für die Fruchtbarkeit ihrer Herden abzustatten. Oft handelte es sich bei solchen Opfern und Gaben um Gegenleistungen für das Einholen von Orakeln, die durch das Werfen von Lospfeilen erteilt wurden. An einzelnen Orten bildeten sich komplexere Pilgerrituale heraus: Das bekannteste Beispiel hierfür ist der ursprünglich im Herbst stattfindende *ḥajj*, eine über insgesamt drei Kultstätten führende Prozession mit zweimaligem Innehalten und abschließendem Opferritual. Auch das mekkanische Kaʿba-Heiligtum, als dessen »Herr« Allāh galt (vgl. Koran 2:125, 14:37, 22:26 und 106:3), war Ziel einer jährlichen Wallfahrt, deren Kern in der rituellen Umkreisung der Kaʿba bestand.

Wie beim antiken Polytheismus war mit den altarabischen Opfer- und Pilgerriten kein theologischer Wahrheitsanspruch verbunden: Entscheidend war nicht, welche Ansichten man über das Wesen der Götter hegte und wie aufrichtig man etwa von diesen Ansichten überzeugt war, sondern der Vollzug bestimmter Riten. Angesichts der sporadischen Kultpraxis im vorislamischen Arabien ist es nicht überraschend, dass die Formulierung und Begründung moralischer Normen außerhalb der Religion stattfand, vor allem in der Dichtung, die – durchaus vergleichbar mit der homerischen Ilias – als Lebensideal den Erwerb von Ruhm durch heroische Tapferkeit und Freigiebigkeit vorgab.

Die koranischen Verkündigungen brechen radikal mit diesem altarabischen Religionsverständnis: Religion besteht ihnen zufolge nicht allein im Ausführen kultischer Verrichtungen, sondern beinhaltet ganz wesentlich die individuelle Anerkennung bestimmter Glaubensaussagen (etwa der Einzigkeit Gottes oder der Auferstehung der Toten). Und weil sich die subjektive Überzeugtheit von diesen Aussagen daran bemisst, dass sie das alltägliche Handeln bestimmen, wird die Geltung moralischer Werte und Vorschriften auf eine spezifisch religiöse Grundlage gestellt, sei es die Angst vor ewiger Verdammnis oder das »Streben nach Gottes Wohlgefallen« (2:207). In beiden Punkten ist der Koran erkennbar dem Religionsmodell der biblischen Tradition verpflichtet – ein Thema, auf das im nächsten Teil des Buches noch näher einzugehen sein wird.

Bisher haben wir uns für die Charakterisierung des altarabischen Heidentums auf nachkoranische Quellen gestützt, die ein »heilsgeschichtliches« Interesse daran haben könnten, die Zustände im vorislamischen Arabien möglichst nachdrücklich vom Koran abzuheben. Es ist zu fragen, inwieweit das obige Bild altarabischer Religion mit dem übereinstimmt, was sich aus dem Koran selbst über die in seinem Umfeld herrschenden religiösen Verhältnisse erschließen lässt.[9]

Überraschend ist, dass die Anfertigung und Anbetung behauener Götterbilder im Koran vor allem mit den Zeitgenossen Abrahams assoziiert werden, also als ein Phänomen der fernen Vergangenheit erscheinen; nur eine Stelle (22:30) ermahnt die Gläubigen, die »Verunreinigung durch die Götzen« zu meiden. Immerhin verurteilt der Koran Opfersteine (5:90) und den Genuss von Fleisch, »worüber andere Wesen als Gott angerufen worden sind« (5:3), und setzt damit voraus, dass in seinem Umfeld Schlachtopfer dargebracht wurden; daneben ist von einer Weihung von Vieh und Ernteerträgen die Rede (6:136–139; 5:103). Auch Orakelpfeile werden als Teufelswerk verdammt (5:90). Schließlich weist Gott in 22:29 Abraham und seine Nachkommen an, den rituellen Umlauf um die Kaʿba (»das Haus«) zu vollziehen. Das im Koran reflektierte religiöse Brauchtum deckt sich also in wichtigen Punkten mit islamischen Berichten, auch wenn die von Autoren wie Ibn al-Kalbī in den Vordergrund gestellte Bilderverehrung weniger prominent ist.

Sehr viel überraschender sind die theologischen Ansichten, die Muhammads Widersachern zugeschrieben werden. Denn offenbar akzeptieren sie den Gedanken eines allmächtigen Schöpfergottes namens Allāh (wörtlich »die Gottheit«): »Wenn du sie fragst: ›Wer hat die Himmel und die Erde geschaffen und Sonne und Mond in Dienst genommen?‹, so sagen sie gewiss: ›Gott (*Allāh*).‹« (29:61) Was die »Ungläubigen« von Muhammad und seinen Anhängern unterscheidet, ist nicht die Leugnung Allāhs, sondern die Tatsache, dass sie Allāh weitere Gottheiten »beigesellen«, die allerdings fast immer anonym bleiben. Daneben findet sich der spezifischere Vorwurf, die »Ungläubigen« würden Gott »Töchter« zuschreiben (etwa in 16:57); obwohl der Koran selbst die Rede von »Gottestöchtern« im buchstäblichen Sinne eines realen Abstammungsverhältnisses versteht und entsprechend lächerlich macht, mag der Ausdruck ursprünglich nur »göttliche Wesen weiblicher Natur« (Wellhausen) umschrieben haben,[10] ähnlich wie die Hebräische Bibel die Angehörigen des himmlischen Hofstaates als »Gottessöhne« bezeichnet (Hiob 1:6, 2:1). Eine Koranpassage impliziert, dass die »Gottestöchter« mit den bereits erwähnten Gottheiten al-Lāt, Manāt und al-ʿUzzā (53:19–20) identisch sind.

Möglicherweise haben die »Beigeseller« oder »Ungläubigen« diese Gottheiten nicht nur als »Gottestöchter«, sondern auch als »Engel« beschrieben, denn verschiedene Koranverse werfen ihnen vor, »die Engel zu weiblichen Wesen zu machen« (siehe etwa 17:40, 37:150 und 43:19) oder ihnen »weibliche Namen zu geben« (53:27). Es ist nicht klar zu erkennen, ob der Engelsbegriff einen originären Bestandteil der religiösen Begriffswelt der »Beigeseller« bildet oder sein Gebrauch lediglich eine auf den Koran reagierende Verteidigungsstrategie darstellt, welche die »Gottestöchter« als Engel in ein grundsätzlich monotheistisches Weltbild einzupassen versucht.

Jedenfalls lässt sich feststellen, dass die »Ungläubigen« des Korans ganz anders als bei Autoren wie Ibn al-Kalbī nicht als naive Götzenanbeter erscheinen, sondern von einem allen anderen Gottheiten klar übergeordneten Schöpfer ausgehen. Die Allāh »beigesellten« Wesenheiten scheinen vor allem eine Mittlerfunktion auszuüben: »Wir dienen ihnen nur, damit sie uns Gott nahe bringen«, werden die »Beigeseller« in 39:3 zitiert. Häufig wird diese Mittlerfunktion mit dem Begriff der »Fürsprache« beschrieben: »Sie dienen neben Gott dem, was ihnen weder schadet noch nützt, und sie sagen: ›Das sind unsere Fürsprecher bei Gott.‹« (10:18) Bemerkenswerterweise verwenden die »Beigeseller« damit einen christlich konnotierten Begriff – der Gedanke einer Fürbitte der Heiligen vor Gott wird auf die paganen »Gottestöchter« übertragen. Wiederum ist nicht auszumachen, ob es sich dabei vielleicht nur um eine Defensivreaktion auf Muhammads Verkündigungen handelt, welche den »Gottestöchtern« eine mit dem koranischen Gottesbild zu vereinbarende Funktion zuschreiben. Immerhin wird deutlich, dass die koranischen »Beigeseller« bereit sind, Gedankengut aus dem Umkreis der jüdisch-christlichen Tradition zu adaptieren. Auffällig ist auch, dass die »Beigeseller« die koranische Gleichsetzung Allāhs mit dem Gott der biblischen Tradition nirgends im Koran in Frage stellen, sie also akzeptiert haben könnten.

Muss man sich die »Ungläubigen« also als Anhänger genuiner Sekundärgottheiten vorstellen, welche dieselben synkretistisch Heiligen oder Engeln angleichen? Oder handelt es sich bei ihnen eigentlich nur um jüdische oder christliche Engels- bzw. Heiligenverehrer, die der Koran polemisch als Polytheisten überzeichnet?[11] Die Tatsache, dass die »Ungläubigen« offenbar an Manāt, al-Lāt und al-'Uzzā glauben, deutet darauf hin, dass sie grundsätzlich auf dem Boden altarabischer Kulte stehen. Am ehesten hat man sie sich deshalb als Verehrer überkommener altarabischer Gottheiten zu denken, welche dieselben als Mittlerwesen einem höchsten Schöpfergott namens Allāh unterstellen und dabei gelegentlich auch mit jüdisch-christlichen Engels- und Heiligenvorstellungen operieren.[12] Eine derartige Pantheonbildung würde in Mekka, wo die koranischen »Beigeseller« mutmaßlich zu verorten sind, auch politisch Sinn ergeben. Denn die Unterordnung von Manāt, al-Lāt und al-'Uzzā unter Allāh, den »Herrn« der Ka'ba (2:125), impliziert nicht zuletzt, dass dem mekkanischen Heiligtum eine überregionale Vorrangstellung zukommt. Wie sich aus islamischen Quellen ersehen lässt, waren die Quraisch darum bemüht, das religiöse Prestige des Ka'ba-Heiligtums zu mehren, beispielsweise indem sie den heute in die Ka'ba eingemauerten Schwarzen Stein von einem nahe gelegenen Berg nach Mekka überführten.[13] Die theologischen Ansichten der koranischen »Beigeseller« fügen sich damit recht gut in einen mekkanischen Lokalzusammenhang.

Heidnisch-biblischer Synkretismus

Die koranischen »Beigeseller« sind also Verehrer altarabischer Gottheiten, greifen jedoch zugleich der biblischen Tradition entstammende Versatzstücke auf. Für eine solche Aneignung biblischer Vorstellungen ohne regelrechten Übertritt zum Judentum oder Christentum finden sich auch andere Indizien. Eine besondere Anziehungskraft auf die vorislamischen Araber scheint dabei die Gestalt Abrahams ausgeübt zu haben, dessen Sohn Ismael bereits dem jüdischen Historiker Flavius Josephus (gest. um 100 n. Chr.) als Stammvater der Araber gilt. Nach Sozomenos von Gaza, der im fünften Jahrhundert eine Kirchengeschichte verfasste, wurde die jährliche Pilgerfeier am Abrahamsheiligtum bei Hebron zur Zeit Konstantins des Großen (gest. 337) auch von Arabern frequentiert (II, 4). Anderswo berichtet Sozomenos, manche Araber seien von Juden über ihre Abstammung von Ismael unterrichtet worden und hätten deshalb verschiedene jüdische Bräuche wie die Beschneidung und den Verzicht auf Schweinefleisch übernommen (VI, 38); auch sein jüngerer Zeitgenosse Theodoret von Kyrrhos erwähnt Araber, die sich ihrer Abstammung von Ismael rühmen.[14] Legendarisch überformt scheinen derartige Vorstellungen in islamischen Berichten über vorkoranische Monotheisten durch, die sich, obgleich weder Juden noch Christen, auf Abraham berufen und diesen als Begründer der mekkanischen Ka'ba angesehen haben sollen. Zu ihnen wird auch Muhammads Zeitgenosse Umaiya ibn Abi ṣ-Ṣalt aus aṭ-Ṭā'if in der Nähe Mekkas gezählt, dem eine Reihe biblisch inspirierter, aber nicht im eigentlichen Sinne jüdischer oder christlicher Gedichte zugeschrieben wird. Ein Teil davon ist wohl tatsächlich authentisch und belegt, dass biblisches Gedankengut ohne feste konfessionelle Verankerung im unmittelbaren Umkreis der Korangenese geläufig war.[15] Die Ansicht, dass die Vertrautheit des Korans mit solchen Vorstellungen sich individuellen jüdischen oder christlichen ›Gewährsmännern‹ Muhammads verdanken müsse, ist deshalb fraglich.

Von Interesse sind hier auch islamische Überlieferungen, denen zufolge die Ka'ba zum Zeitpunkt von Muhammads Eroberung Mekkas mit Bildern von verschiedenen Propheten, ja sogar von Jesus und Maria geschmückt gewesen sei.[16] Obwohl sie nicht anhand außerislamischer Berichte gegengeprüft werden können, vermitteln sie doch das keineswegs unglaubwürdige Bild einer Gesellschaft, die prestigeträchtiges Überlieferungsgut der spätantiken Hochkultur ohne theologische Skrupel mit lokalen Praktiken und Vorstellungen verschmilzt. Als Präzedenzfall dafür lässt sich vielleicht auf den Abrahams-Schrein in Mamre bei Hebron verweisen, an dem nach Sozomenos im frühen vierten Jahrhundert nicht nur Juden und Christen beteten, sondern auch Heiden verschiedene Opfer darbrachten. Während Kaiser Konstantin diesen Vorgängen ein Ende machte und Mamre in einen kirchlich kontrollierten Kultort verwandelte, war Mekka einer solchen Kontrolle entzogen; ein ähnlicher, ›wilder‹ Synkretismus aus heidnischen Bräuchen und biblischen Motiven könnte dort durchaus bis ins siebte Jahrhundert gediehen sein.[17]

Anmerkungen

1 Die Metapher des »Transmissionsriemens« gebraucht im selben Zusammenhang auch Isabel Toral-Niehoff, »The 'Ibād of al-Ḥīra: An Arab Christian Community in Late Antique Iraq«, in: *The Qur'ān in Context*, a. a. O., 323–347, hier 324.

2 Siehe A. R. al-Ansary, *Qaryat al-Fau. A Portrait of Pre-Islamic Civilisation in Saudi Arabia*, Riad 1982.

3 Hierzu und zum Folgenden Robert Hoyland, »Epigraphy and the linguistic background to the Qur'ān«, in: *The Qur'ān in Its Historical Context*, hg. von Gabriel S. Reynolds, London/New York 2008, 51–69; ders., »Arab kings, Arab tribes and the beginnings of Arab historical memory in late Roman epigraphy«, in: *From Hellenism to Islam. Cultural and Linguistic Change in the Roman Near East*, hg. von H. Cotton u. a., Cambridge 2009, 374–400.

4 Siehe ausführlicher Theresia Hainthaler, *Christliche Araber vor dem Islam*, Leuven 2007.

5 Christian Robin, »Yemen«, in: *Encyclopaedia of the Qur'ān*, hg. von Jane D. McAuliffe, Bd. 5, Leiden 2006, 561–569.

6 Sydney Griffith, »Al-Nasārā in the Qur'ān: a hermeneutical reflection«, in: *New Perspectives on the Qur'ān. The Qur'ān in its Historical Context* 2, hg. von Gabriel S. Reynolds, London/New York 2011, 301–322.

7 Vgl. Susanne Krone, *Die altarabische Gottheit al-Lāt*, Frankfurt am Main 1992.

8 Julius Wellhausen, *Reste arabischen Heidentums*, Berlin 1897; Ludwig Ammann, *Die Geburt des Islam. Historische Innovation durch Offenbarung*, Göttingen 2001.

9 Die folgenden Ausführungen stützen sich teilweise auf Patricia Crone, »The religion of the Qur'ānic pagans: God and the lesser deities«, *Arabica* 57 (2010), 151–200, weichen allerdings stark von ihren Schlussfolgerungen ab.

10 Wellhausen, a. a. O., 24.

11 So Gerald R. Hawting, *The Idea of Idolatry and the Emergence of Islam*, Cambridge 1999.

12 Je mehr die Allāh »beigesellten« Wesenheiten funktional Heiligen oder Engeln entsprechen, desto mehr nehmen sich die koranischen »Beigeseller« als Monotheisten aus (vgl. Crone, »The religion of the Qur'ānic pagans«, a. a. O., 163); beschreibt man sie dagegen in erster Linie als Anhänger von Gottheiten minderen Ranges, so erscheinen sie als Polytheisten. Die Frage, welche Klassifizierung angemessener ist, verliert an Dringlichkeit, wenn man sich bewusst macht, dass »Monotheismus« und »Polytheismus« keinen binären Gegensatz bilden, sondern ein religiöses Spektrum abstecken, auf dem vielerlei Zwischenpositionen möglich sind.

13 Uri Rubin, »The Ka'ba: Aspects of its ritual functions and position in pre-Islamic and early Islamic times«, *Jerusalem Studies in Arabic and Islam* 8 (1986), 97–131, hier 118 ff.

14 Fergus Millar, »Hagar, Ishmael, Josephus and the Origins of Islam«, *Journal of Jewish Studies* 44/1 (1993), 23–45; Irfan Shahîd, *Byzantium and the Arabs in the Fifth Century*, Washington D. C. 1989, 154 f. und 167 ff.

15 Zu Umaiya Nicolai Sinai, »Religious poetry from the Quranic milieu: Umayya b. Abī l-Ṣalt on the fate of the Thamūd«, *Bulletin of SOAS* 74/3 (2011), 397–416; zu vorkoranischen Monotheisten in Arabien Uri Rubin, »Ḥanīfiyya and Ka'ba: An Inquiry into the Arabian Pre-Islamic Background of *Dīn Ibrāhīm*«, *Jerusalem Studies in Arabic and Islam* 13, 1990, 85–112.

16 Rubin, »The Ka'ba«, a. a. O., 102.

17 Vgl. die Parallelisierung von Mamre und Mekka in Bertram Schmitz, *Der Koran. Sure 2 »Die Kuh«. Ein religionshistorischer Kommentar*, Stuttgart 2009, 201 ff.

III. Inhalte und literarische Formen des Korans

Nach der Herkunft des Korans und seinem historischen Umfeld sollen nun die Korantexte selbst betrachtet werden. Ich gehe dabei zunächst auf ihre literarische Gestalt, die Möglichkeit einer Rekonstruktion ihrer ursprünglichen Verkündigungsreihenfolge sowie intertextuelle Überschneidungen mit jüdischen und christlichen Traditionen ein.

Die literarische Gestalt koranischer Suren

Den Koran von vorne bis hinten durchzulesen ist kein einfaches Unterfangen. Zu sprunghaft scheint der Text zwischen ganz verschiedenen Gegenständen hin und her zu wechseln, die Anordnung der Suren bietet keine inhaltliche Orientierung, und insbesondere im direkten Vergleich mit dem ersten Buch der Bibel, das in historischer Reihenfolge von der Erschaffung der Welt bis zu Josefs Aufenthalt in Ägypten voranschreitet, scheint jeder übergreifende Zusammenhang zu fehlen. In der Regel wird der Koran deshalb – auch von vielen Muslimen – als eine Art Steinbruch für isolierte Kurztexte benutzt.

Der Eindruck, man habe es beim Koran mit einer Ansammlung unzusammenhängender Textfragmente zu tun, stellt sich bei näherem Hinsehen jedoch als falsch heraus. Denn eine große Zahl von Suren weist, wie Angelika Neuwirth gezeigt hat, wiederkehrende Strukturkonventionen auf: Auf eine hymnische oder polemische Einleitung folgen ein erzählerischer Mittelteil und ein polemischer, lehrhafter oder hymnischer Schlussteil, häufig mit Aussagen über Herkunft und Funktion der koranischen Offenbarungen oder mit Tröstungen und Ermahnungen Muhammads. In der Regel lassen sich zwischen diesen drei Teilen neben umfangsmäßigen Entsprechungen auch inhaltliche Bezüge erkennen: So greift der Schlussteil in vielen Fällen Begriffe und Themen des Einleitungsteils wieder auf, und durch viele Texte ziehen sich wiederkehrende Leitworte und -formeln.[1]

Es lohnt sich, das Potential der Korantexte für eine solche ganzheitliche Lektüre kurz zu veranschaulichen. Ich wähle dafür Sure 37, die hier allerdings nur in Ausschnitten besprochen werden kann (es empfiehlt sich, die folgenden Ausführungen anhand einer Koranübersetzung nachzuvollziehen). Der aus 182 Versen bestehende Text illustriert den dreiteiligen Surenaufbau, von dem gerade die Rede war: Auf einen polemischen ersten Teil (V. 1–74) folgt ein in etwa gleich langer zweiter Teil (V. 75–148), der einen Zyklus von Erzählungen über frühere Gottesgesandte wie Noah, Abraham und Mose enthält; die Sure schließt mit einem wiederum polemischen Schlussteil (V. 149–182), der ungefähr halb so lang wie die ersten beiden Surenteile ist. Jeder dieser drei Hauptteile lässt sich wiederum in mehrere Absätze bzw. »Gesätze« (Neuwirth) gliedern, die in der Regel zwischen fünf und zehn Einzelverse umfassen.

Der Aufbau von Sure 37

1. Hauptteil:	Der Jüngste Tag, Paradies und Hölle
1–5	Schwureinleitung: die himmlischen Heerscharen, Ein-Gott-Aussage
6–10	Gott als Schöpfer des Himmels und dessen Unzugänglichkeit für Dämonen
11–18	Polemik gegen Zweifel an der Auferstehung
19–25	Die Ungläubigen am Jüngsten Tag
26–34	Gespräch der Ungläubigen in der Hölle
35–39	Rückblende: Die Ungläubigen verspotten den Verkünder
40–49	Die Seligen (»Gottes auserwählte Diener«) im Paradies
50–61	Gespräch der Seligen im Paradies (Kontrast zu V. 26–34)
62–70	Höllenbeschreibung
71–74	Übergang zum 2. Hauptteil: Moral der folgenden Erzählungen
2. Hauptteil:	Erzählzyklus
75–82	Noah (mit Refrain)
83–98	Abrahams Auseinandersetzung mit seinen götzendienerischen Landsleuten
99–113	Abrahams Sohnesopfer (mit Refrain; V. 112–113 sind vermutlich ein späterer Zusatz)
114–122	Mose und Aaron (mit Refrain)
123–132	Elias (mit Refrain)
133–138	Lot
139–148	Jona

3. Hauptteil: Schlusspolemik	
149–160	Kritik an der Vorstellung, Gott habe Töchter
161–166	Rede der Engel
167–173	Drohungen gegen die Ungläubigen, Verheißungen an die Gläubigen
174–179	Zuspruch an den Verkünder
180–182	Abschließende Segens- und Friedensrufe

Eröffnet wird der Text paukenschlagartig von einem Schwur, wie er auch andere Suren einleitet: »Bei denen, die in Reihen stehen, / gewaltige Rufe erklingen lassen / und Lobpreis vortragen!« Gemeint dürften hier die beim Jüngsten Gericht anwesenden Engelsscharen sein – auch der christlich-syrische Dichter Ephrem (gest. 373) spricht im Kontext des Jüngsten Tages von den »Reihen der feurigen [Engel]«, die beim Kommen Gottes »unaufhörlich Lob spenden«.[2] Obwohl die koranischen Hörer mit ähnlichen Vorstellungen vertraut gewesen sein mögen, wird die Frage nach der Identität »derer, die in Reihen stehen«, doch erst im Schlussteil der Sure eindeutig geklärt (s. u.) – ein gutes Beispiel für die auch in anderen Korantexten zu beobachtende Technik, durch rätselhafte und erst später entschlüsselte Anspielungen Spannung aufzubauen. Als durch den Schwur bekräftigte Aussage steht eine Monotheismusaussage (V. 4–5): »Euer Gott ist ein einziger, / der Herr des Himmels und der Erde …« Das Anfangsgesätz stellt dem Rest der Sure so eine programmatische religiöse Aussage voran, auf die im Folgenden noch mehrfach Bezug genommen wird.

Die folgenden Passagen drehen sich größtenteils um Auferstehung und Weltende und entfalten damit die zu Surenbeginn eingeblendete Momentaufnahme des Jüngsten Gerichts. Der zweifelnden Rückfrage gewisser Hörer (V. 16:

»Wenn wir gestorben und zu Staub und Knochen geworden sind, sollen wir dann etwa erweckt werden?«) wird eine aufrüttelnde Schilderung des Entsetzens entgegengesetzt, welches sie angesichts des Eintretens des Gerichts (V. 18 sowie V. 19–20) befallen wird. Gott selbst ergreift in einer kurzen Ansprache das Wort (V. 21–25) und erteilt – vermutlich den bereitstehenden Engeln – die Anweisung, die Verdammten dem »Höllenbrand« (V. 23) zu überantworten. Dass in diesen Befehl auch »das, was sie außer Gott anzubeten pflegten« (V. 22–23), eingeschlossen wird, also die von ihnen verehrten Gottheiten, stellt als entscheidendes Vergehen der Verdammten die Missachtung der eingangs formulierten Existenz nur eines Gottes heraus. Es folgt ein kurzes Gespräch zwischen den Hölleninsassen, die sich gegenseitig Vorwürfe machen (V. 27 ff.), sowie eine Rückblende, die erneut ihre Ablehnung des Monotheismus in den Blick nimmt (V. 35–37).

Ab V. 40 werden als Gegensatz zu den Verdammten »Gottes auserwählte Diener« eingeführt: Ihnen wird im Paradies luxuriöse Bewirtung zuteil, und auch sie führen im Jenseits ein Gespräch (V. 50 ff.), das in deutlicher Entsprechung zur Unterhaltung der Verdammten gestaltet ist (vgl. V. 50 mit V. 27). Weitere Rückbezüge verleihen dem Text zusätzlichen Zusammenhalt: So greift V. 53 den in V. 16 wiedergegebenen Zweifel am Endgericht auf, und in V. 55 wie auch in V. 68 tritt erneut der Ausdruck »Höllenbrand« aus V. 23 auf.

Abgeschlossen wird der erste Surenteil durch eine kurze Notiz, welche die aus den Erzählungen im zweiten Teil zu ziehende Lehre ankündigt (V. 71–74): Bereits in der Vergangenheit seien die meisten Menschen »in die Irre gegangen«, obwohl Gott ihnen »Warner« gesandt habe; auf deren Missachtung sei unweigerlich Gottes Strafe gefolgt, von der allerdings die »auserwählten Diener Gottes« – die ja bereits in der Paradiesbeschreibung ab V. 40 in Erscheinung traten – errettet worden seien. Die Erzählungen im zweiten Surenteil sollen also exemplarisch belegen, dass Gott Unglauben und Ungehorsam bestraft, seine »auserwählten Diener« jedoch von dieser Vergeltung ausnimmt.

Es folgt ein Zyklus von Erzählungen über verschiedene biblische Figuren, nämlich Noah, Abraham, Mose, Elias, Lot und Jona, die allesamt einem ähnlichen Schema folgen. Einzelne Episoden werden durch einen insgesamt viermal variierten Kehrvers voneinander abgesetzt (erstmals in V. 79–81: »Friede sei über Noah unter den Weltbewohnern! / So vergelten wir denen, die Gutes tun. / Er gehört zu unseren gläubigen Dienern«). Dieser Refrain fungiert als positiver Kontrast zu der im ersten Surenteil getroffenen Aussage »So verfahren wir mit den Übeltätern« (V. 34) und hält die exemplarische Bedeutung der einzelnen Erzählungen präsent.

Der dritte Teil ist wiederum überwiegend polemisch. Als Auftakt wird die Vorstellung von »Töchtern Gottes« bzw. weiblichen Engeln zurückgewiesen (V. 149–160), womit ein weiteres Mal an das in V. 4–5 formulierte Credo von Gottes Einzigkeit angeknüpft wird. Daneben verbinden den Schlussteil noch verschiedene weitere Bezüge mit den beiden ersten Surenteilen: Erneut erscheinen Gottes »auserwählte Diener« (V. 160 und V. 169) sowie der Ausdruck »Höllenbrand« (V. 163); außerdem ergreifen in V. 164–166 die Engel das Wort und lösen das vom enigmatischen Anfangsvers der Sure aufgegebene Rätsel auf: »*Wir* sind es, die in Reihen stehen …« (V. 165) Ganz am Ende der Sure wird dann noch einmal der Friedensruf aus dem Refrain des Mittelteils rekapituliert (V. 181: »Friede sei über den Gesandten!«).

Eine ausführliche literarische und thematische Analyse von Sure 37 würde den Rahmen der vorliegenden Einführung sprengen. Dennoch sollten die vorangehenden Bemerkungen eines deutlich gemacht haben: Die Tatsache, dass koranische Suren zwischen verschiedenen Themen und Textsorten hin- und herschalten, bedeutet keineswegs, dass es sich um *un*strukturierte Texte handelt, die einer übergreifenden literarischen Gestaltung entbehren. Anstatt eine Sure von vornherein als unzusammenhängende Anhäufung von einzelnen Versen oder Passagen anzusehen, wie es nicht nur manche westlichen Forscher, sondern auch die meisten vormodernen islamischen Ausleger tun, hat ein Interpret folglich zunächst gründlich zu prüfen, ob der jeweilige Text nicht auch eine ganzheitliche Lektüre gestattet – was oft genug tatsächlich der Fall ist.

Hieraus ergibt sich eine wichtige methodologische Konsequenz für redaktionskritische Analysen, also für den Versuch, die unserer heutigen Koranfassung vorausliegenden Sammlungs- und Überarbeitungsprozesse zu rekonstruieren. Zwar sind koranische Suren polythematische Kompositionen, integrieren also wie beispielsweise Sure 37 narrative, polemische oder hymnische Textsorten, doch bieten zumindest die kurzen und mittellangen Suren zahlreiche Indizien einer übergreifenden literarischen Gestaltung. Es verbietet sich deswegen, allein auf der Grundlage eines thematischen Übergangs (wie nach Vers 37:148, mit dem der Erzählzyklus des Mittelteils endet) zu folgern, man habe es hier mit ursprünglich eigenständigen Textstücken zu tun, die erst nachträglich, im Zuge einer redaktionellen Überarbeitung miteinander verbunden worden seien. Natürlich ist es grundsätzlich möglich, dass koranische Suren spätere Erweiterungen erfahren haben. In einer ganzen Reihe von Fällen lassen sich solche Zusätze auch tatsächlich nachweisen – nämlich dann, wenn ein Vers auffällige inhaltliche oder stilistische Abweichungen von seinem literarischen Umfeld aufweist, sich, ohne einen Bruch zu erzeugen, aus dem Text heben lässt und ein erkennbares Motiv für eine Texterweiterung vorliegt (offensichtliche Beispiele hierfür sind etwa 73:20 oder 74:31). Bloße Themen- oder Reimwechsel jedoch bieten keinesfalls eine ausreichende Handhabe für die Annahme eines Einschubs: Nichts spricht dagegen, dass ein Text wie Sure 37 im Wesentlichen aus einem Guss ist (wobei V. 102 und V. 112–113 tatsächlich später hinzugekommen sein dürften).

Damit zeichnet sich zugleich eine bedeutsame Differenz zwischen dem Koran und den prophetischen Büchern der Hebräischen Bibel ab: Während die Forschung heute in der Regel davon ausgeht, dass es sich bei den ursprünglichen Verkündigungseinheiten biblischer Propheten um knappe Droh-, Schelt- und Warnsprüche gehandelt hat, stellen die von Muhammad vorgetragenen Texte literarisch ausgefeilte Kompositionen von teilweise beträchtlichem Umfang dar. Angesichts der Tatsache, dass auch manche altarabischen Gedichte eine ansehnliche Länge (50 Verse oder mehr) und beachtlichen literarischen Schliff aufweisen können, liegt das durchaus im Bereich des historisch Vorstellbaren. Man sollte darum der Versuchung widerstehen, die Koranverkündigungen um jeden Preis in kurze und erst sekundär zu größeren Einheiten kombinierte Textfragmente zu zerlegen.

Die Verkündigungsreihenfolge der Korantexte

Auch der islamischen Überlieferung zufolge entspricht die heutige Anordnung der Suren, die sich (wenn auch mit zahlreichen Ausnahmen) am Kriterium absteigender Surenlänge orientiert, nicht der Reihenfolge ihrer erstmaligen Verkündigung durch Muhammad. Schon früh haben islamische Koraninterpreten darum versucht, einzelne Suren und Surenteile den verschiedenen Abschnitten im Leben des Propheten zuzuweisen. Dabei stützte man sich zwar in der Regel auf außerkoranische Überlieferungen, etwa Berichte über die »Offenbarungsanlässe« (*asbāb an-nuzūl*) einzelner Textstücke oder Listen angeblich in Mekka und Medina geoffenbarter Suren, stellte zugleich aber auch grundlegende stilistische und lexikalische Grundsätze auf, etwa dass mekkanische Suren kürzere Verse als medinensische hätten oder dass die Anrede »O ihr Gläubigen!« kennzeichnend für medinensische Texte sei.

Auch westliche Forscher haben sich intensiv dafür interessiert, die ursprüngliche Verkündigungsreihenfolge koranischer Texte zu rekonstruieren – vor allem deswegen, weil sie anders als die islamische Tradition mit einer genuinen Veränderung und Entwicklung der koranischen Verkündigungen rechneten, deren Nachvollzug eine relative Textchronologie erforderte. Am bekanntesten ist in der westlichen Forschung die auf Vorarbeiten Gustav Weils (gest. 1889) basierende Surenchronologie Theodor Nöldekes (1836–1930) geworden. Nöldeke hegte keine grundsätzlichen Zweifel an der Historizität des islamischen Geschichtsbildes, und selbst die 1909 erschienene Überarbeitung seiner *Geschichte des Qorāns* durch Friedrich Schwally wirkt auf heutige Leser oft unkritisch und positivistisch.[3] Nöldekes Beitrag war jedoch insofern wegweisend, als er seine Rekonstruktion der zeitlichen Reihenfolge der Korantexte in erster Linie auf die »genaue Beobachtung des Sinnes und der Sprache des Qorāns selbst« zu gründen versuchte. Methodisch ist er dabei vermutlich nicht nur von entsprechenden islamischen Ansätzen inspiriert worden, sondern auch von der historisch-kritischen Bibelwissenschaft, die ebenfalls anhand terminologischer und stilistischer Kriterien versucht, die verschiedenen Quellschriften insbesondere der fünf Bücher Mose abzugrenzen.

Nöldekes Chronologie ist im Wesentlichen eine Chronologie ganzer Suren und nicht von kleineren Surenabschnitten – eine Herangehensweise, die erst im Lichte der im letzten Kapitel dargelegten Einsicht als gerechtfertigt gelten kann, dass es sich bei zahlreichen Suren um einheitliche literarische Kompositionen handelt. Nöldeke teilte die 114 im Koran enthaltenen Suren in vier aufeinanderfolgende Perioden ein, die er als früh-, mittel- und spätmekkanisch sowie als medinensisch bezeichnete; präzise Aussagen über die chronologische Reihenfolge *innerhalb* dieser vier Großgruppen hielt er nur in Einzelfällen für möglich. Sein wichtigstes Datierungskriterium war stilistischer Art: Er nahm an, dass die durchschnittliche Länge koranischer Einzelverse im Laufe von Muhammads Verkündigungstätigkeit immer weiter angewachsen sei, dass also die frühmekkanischen Suren die kürzesten und die medinensischen Suren die längsten Verse enthielten. Ergänzend griff er auf lexikalische Gesichtspunkte zurück: »Auch kennzeichnet sich, wie bei jedem Schriftsteller, der Sprachgebrauch einzelner Perioden durch gewisse Lieblingswörter und Wendungen, die uns bei der chronologischen Einteilung unterstützen.« Im Einzelnen lassen sich die Nöldeke'schen Surengruppen durch folgende Hauptmerkmale charakterisieren, wobei ich Nöldekes Darstellung präzisiere und ergänze:

1) Frühmekkanische Suren weisen eine durchschnittliche Verslänge zwischen fünf und 16 Silben pro Vers auf. Häufig werden sie durch längere Schwurserien (z. B. Sure 91: »Bei der Sonne und beim hellen Morgen, / und beim Mond, wenn er ihr folgt ...«) oder eschatologische – d. h. auf Weltende und Jenseits bezogene – Wenn-dann-Sätze (z. B. Sure 81: »Wenn die Sonne verhüllt wird, / wenn die Sterne herabstürzen ...«) eingeleitet. Dazu passt, dass inhaltlich das Jüngste Gericht im Mittelpunkt steht. Auffällig ist die hohe Frequenz von Reimwechseln, die als Mittel zur Markierung

von Textzäsuren fungieren, und die Mannigfaltigkeit unterschiedlicher Reimtypen.

2) Mittel- und spätmekkanische Suren zeichnen sich durch zumeist deutlich längere Verse aus, wobei die durchschnittliche Verslänge von 13 bis hin zu 60 Silben reicht; auch der Gesamtumfang der Texte steigt jetzt deutlich an. Einige wenige mittelmekkanische Suren werden noch durch kürzere Schwüre eröffnet, die fast alle auf den Offenbarungscharakter des Folgenden verweisen: »Bei der deutlichen Schrift!« (43:2, 44:2), »Beim rühmenswerten Koran!« (50:1; ähnlich 36:2 und 38:1). Häufiger sind dagegen regelrechte Surenüberschriften wie »Dies sind die Zeichen (oder Verse) der deutlichen Schrift« (12:1) oder »Herabsendung der Schrift von Gott, dem Mächtigen und Weisen« (39:1). Strukturell folgen die meisten mittel- und spätmekkanischen Suren dem dreiteiligen Aufbauschema, von dem weiter oben die Rede war; im Mittelteil stehen häufig biblisch geprägte Erzählungen über frühere Gottesgesandte wie Noah, Abraham und Mose und über die Bestrafung früherer Völkerschaften. Reimwechsel innerhalb einer Sure kommen nur noch in deutlich größeren Abständen vor. Auch die Vielfalt der verwendeten Reimtypen sinkt merklich. Mittelmekkanische Suren sprechen von Gott besonders häufig als »dem Barmherzigen« (*ar-raḥmān*). Inhaltlich wird immer wieder die Weigerung der mekkanischen »Ungläubigen« verhandelt, das Jüngste Gericht und die Einzigkeit Gottes anzuerkennen.

3) In den medinensischen Suren kommt es zu einer noch weitergehenden Längung der Einzelverse, die jetzt im Surendurchschnitt bis zu 70 Silben enthalten können. Medinensische Texte können sehr lang sein (vgl. etwa die Suren 2 bis 5), doch gibt es unter ihnen auch mittellange oder sogar sehr kurze Verkündigungen (beispielsweise Sure 98). Die

meisten medinensischen Suren weisen einen Monoreim und nur zwei verschiedene Reimtypen auf. Als Mittel der Textstrukturierung werden häufig Vokative wie »O ihr Gläubigen!« eingesetzt; terminologisch fällt auf, dass Muhammad jetzt nicht mehr nur als »Gesandter«, sondern auch als »Prophet« (*nabīy*) tituliert wird. Thematisch stehen die Auseinandersetzung mit Judentum und Christentum, detaillierte Rechtssetzungen sowie militärische Konflikte der koranischen Gemeinde mit den mekkanischen »Ungläubigen« im Zentrum. Dafür fehlen die für mittel- und spätmekkanische Texte charakteristischen Straflegenden fast gänzlich.

Zweifellos handelt es sich bei der Nöldeke'schen Chronologie nur um eine Hypothese. Insbesondere die genaue Abgrenzung der einzelnen Textgruppen erscheint zu einem gewissen Grade willkürlich, da verschiedene Suren Merkmale zweier aufeinanderfolgender Perioden kombinieren. So gehört Sure 37 von Länge und Aufbau her (dreiteilig, Erzählzyklus im Mittelteil) bereits mit den mittel- und spätmekkanischen Suren zusammen, weist aber noch eine Schwureinleitung und recht kurze Verse auf, was für frühmekkanische Texte typisch ist (siehe die Ausreißerposition von Sure 37 auf dem Graphen auf S. 67). Auch die Anzahl der von Nöldeke angenommenen Perioden dürfte kaum alternativlos sein: Wahrscheinlich könnte man ebenso gut mit vier mekkanischen und zwei medinensischen Textgruppen arbeiten. Solche unscharfen Übergänge sind letzten Endes der Tatsache geschuldet, dass Nöldekes hauptsächliches Datierungsmerkmal, nämlich das Kriterium durchschnittlicher Verslänge, eher ein Kontinuum als klar voneinander abgegrenzte Textballungen ergibt: So ist unter den Werten, welche die durchschnittliche Verslänge bei den von Nöldeke als mekkanisch eingeordneten Suren annimmt, jede Dekade von 10 bis 50 mehrfach repräsentiert, und größere Lücken treten nicht auf (siehe wiederum den folgenden Graphen). Letztlich ist die Einteilung eines solchen Kontinuums in diskrete Abschnitte nur unter Heranziehung weiterer Kennzeichen wie Inhalt, Terminologie und literarischen Charakteristika durchführbar. Dabei dürfte es häufig möglich sein, das Textmaterial auf unterschiedliche Weise in distinkte Surengruppen einzuteilen: So könnte man erwägen, ob nicht Sure 37 zusammen mit verschiedenen anderen Texten am Ende der frühmekkanischen und zu Beginn der mittelmekkanischen Zeit als ein Übergangsstadium zwischen diesen beiden Textperioden anzusehen ist, das als eigenständige Surenklasse aufgefasst werden sollte. Bedenklicher ist der Sachverhalt, dass sich – wie bereits Nöldeke und Schwally erkannt haben[4] – eine Handvoll kurzer Gemeindegebete, die das koranische Korpus gleichsam einrahmen (Suren 1, 109–110 und 112–114), so stark von den übrigen Suren abheben, dass sie zumindest stilistisch und terminologisch nicht eindeutig einer bestimmten Textperiode zuzuweisen sind. Im Falle von Sure 110 etwa, die Nöldeke mit einigem Zögern als medinensisch ansieht, können ebenso gut Gründe für eine mittelmekkanische Datierung beigebracht werden.[5]

Allerdings ist auch aus der Tatsache, dass sich einzelne Texte gegen eine eindeutige chronologische Zuordnung sperren, gewiss nicht abzuleiten, dass das ganze Unternehmen einer relativen Textchronologie verfehlt ist. In jedem Fall stellt keiner der obigen Einwände den eigentlichen Angelpunkt von Nöldekes Chronologie in Frage, nämlich die Beobachtung, dass dem koranischen Korpus bei all seiner stilistischen und thematischen Heterogenität gewisse auffallende Regelmäßigkeiten und Korrelationen eignen, die sich durch die Annahme einer literarischen Entwicklung elegant erklären lassen: Nicht nur ist die Verslänge innerhalb einer Sure weitgehend konsistent, sondern Vers- und Surenlänge

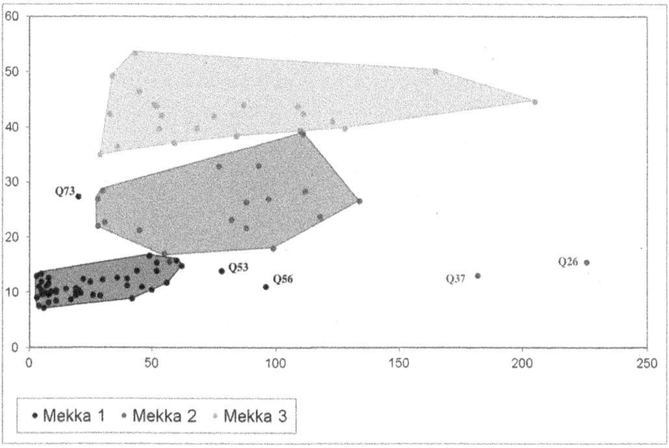

Durchschnittliche Verslänge
Korrelation von durchschnittlicher Verslänge (senkrechte Achse) und Surenlänge in Versen (waagerechte Achse) für Nöldekes frühmekkanische Suren; übernommen aus Nora Katharina Schmid, »Quantitative Text Analysis and Its Application to the Qur'an: Some Preliminary Considerations«.[6]

sind (mit wenigen Ausnahmen wie Sure 37) weitgehend proportional, d. h. Suren mit kurzen Versen tendieren dazu, insgesamt kurz zu sein. Auch bestimmte literarische Eigentümlichkeiten (etwa sureneinleitende Schwüre und Serien von eschatologischen Wenn-dann-Sätzen oder der Gebrauch von Reimwechseln zur Markierung von Texteinschnitten) treten ausschließlich in Suren mit vergleichsweise kurzen Versen auf. Andere Merkmale hingegen erscheinen nur in Suren mit Monoreim und längeren Versen, etwa die Bezeichnung des koranischen Verkünders als »Prophet«, umfangreiche Polemiken gegen Juden und »Israeliten« sowie detaillierte Rechtssetzungen. Verschiedene textimmanente Parameter scheinen also in dem Sinne zu konvergieren, dass Suren mit vergleichbarer

Verslänge sich sehr häufig auch in literarischen, terminologischen und inhaltlichen Merkmalen überschneiden.

Speziell die Konvergenz von Verslänge und lexikalischen Parametern ist jüngst auf textstatistische Weise von Behnam Sadeghi untersucht worden.[7] Sadeghi geht von einer Einteilung des koranischen Korpus in thematisch abgeschlossene Abschnitte mit weitgehend homogener Verslänge aus und betrachtet dann die relative Häufigkeit bestimmter Ausdrücke, die entweder besonders oft oder besonders selten im Koran auftreten. Dabei stellt sich heraus, dass eine Anordnung von Koranpassagen nach aufsteigender durchschnittlicher Verslänge zugleich eine graduelle, d. h. keine abrupten Sprünge aufweisende, Variation der untersuchten lexikalischen Häufigkeitswerte ergibt. Mit einem *kontinuierlichen* Anwachsen der durchschnittlichen Verslänge geht also zugleich eine *kontinuierliche* Veränderung in der Lexik einher, was sich am ehesten auf einen graduell voranschreitenden literarischen Entwicklungsprozess zurückführen lassen dürfte.

Nun könnte eine solche Entwicklung zunächst einmal auch in umgekehrter Richtung, also von langen zu kurzen Versen hin, verlaufen sein. Dagegen spricht allerdings der grundsätzliche Eindruck, dass sich über die vier von Nöldeke postulierten Textperioden eine kontinuierliche Zunahme biblischer Referenzen erkennen lässt: Während in den frühmekkanischen Suren Bezugnahmen auf zentrale biblische Figuren wie Abraham und Mose fast ganz fehlen, reichert sich deren Profil in späteren Korantexten immer weiter an. Die Figur Abrahams etwa erscheint erstmals in zwei frühmekkanischen Stellen, die nur allgemein auf die »Offenbarungsschriften Moses und Abrahams« anspielen (87:18–19 und 53:36–37). Ab mittelmekkanischer Zeit steht er dann jedoch im Mittelpunkt zahlreicher Erzählungen, die unter anderem seinen kompromisslosen Monotheismus herausstellen (etwa 37:83 ff.), und avanciert in spätmekkanischer und medinensischer Zeit sogar zum Begründer des mekkanischen Heiligtums (14:35–41 und 2:124–141) sowie zum Stammvater der koranischen Religion (3:67, 4:125).

Nöldekes Anordnung der Texte macht also auch inhaltlich Sinn: In Fällen, wo bestimmte Themen sowohl in Suren mit kurzen Versen als auch in solchen mit längeren Versen behandelt werden, kommt bei einer Anordnung der betreffenden Suren nach ansteigender Verslänge in der Regel auch eine nachvollziehbare sachliche Entwicklung heraus. Ein Beispiel hierfür sind, wie Neil Robinson herausgearbeitet hat, drei Gruppen von Koranstellen, die Frauen einen sehr unterschiedlichen Status im Paradies zuschreiben.[8] Verse der ersten Gruppe versprechen den Seligen im Jenseits »vollbusige und gleichaltrige« Gefährtinnen »mit großen schwarzen Augen« (78:33, 56:22) bzw. »weibliche Wesen, die den Blick keusch niederschlagen und die vor ihnen weder Mensch noch Jinn berührt hat« (55:56) – erotische Verheißungen, die sich an ein exklusiv männliches Publikum wenden und Frauen lediglich als Teil des paradiesischen Mobiliars ins Spiel bringen. Verse der zweiten Gruppe hingegen sichern den Zugang zum Paradies ausdrücklich auch Frauen zu: »Geht in das Paradies ein, ihr und eure Gattinnen!«, heißt es etwa in 43:70. Verse der dritten Gruppe schließlich verheißen den Gläubigen im Paradies »gereinigte Gattinnen« (etwa 2:25). Legt man Nöldekes Chronologie zugrunde, so ergibt sich ein sauberes Nacheinander dieser drei Versgruppen: Zunächst wird einer männlichen Anhängerschaft jenseitige erotischer Erfüllung versprochen; in mittel- und spätmekkanischer Zeit wird dann – vielleicht weil sich inzwischen auch zahlreiche Frauen der koranischen Gemeinde angeschlossen haben – klargestellt, dass auch weibliche Gläubige der jenseitigen Seligkeit teilhaftig werden können; in medinensischen Suren schließlich werden die frühen erotischen Verheißungen erneut abgerufen, jetzt aber nicht mehr auf bloße Gespielinnen bezogen, sondern auf die aus eigenem Verdienst ins Paradies eingegangenen Ehefrauen der Seligen.

Dass eine in erster Linie auf stilistischen, lexikalischen und terminologischen Kriterien beruhende Surenchronologie auch thematisch einen plausiblen Bogen ergibt, ist keineswegs selbstverständlich und stellt ein zusätzliches Indiz dafür dar, dass Nöldekes Zugang grundsätzlich tragfähig ist. Jedenfalls erfordert der Zusammenhang zwischen stilistischen, lexikalischen, literarischen und inhaltlichen Merkmalen der Korantexte eine Erklärung, und Nöldekes chronologisches Modell liefert eine solche. Solange deshalb nicht gezeigt werden kann, dass es Aporien erzeugt oder dass ein alternatives Analysemodell vorliegt, welches über dieselbe Erklärungskraft verfügt und dabei nicht wesentlich komplizierter ist, erscheint es sinnvoll, an seinem grundsätzlichen Ansatz festzuhalten. Der bloße Hinweis, dass sich die angesprochenen Phänomene möglicherweise auch durch irgendeine andere Theorie erklären ließen, stellt – solange diese Alternative nicht konkret ausbuchstabiert wird – keinen Grund dar, einen bewährten Erklärungsansatz aufzugeben.[9]

Während ich im letzten Kapitel dafür eingetreten bin, einzelne Suren zunächst einmal als ganzheitliche literarische Kompositionen anzugehen, hat das vorliegende Kapitel zusätzlich für eine diachrone Lektüredimension plädiert, welche die zeitliche Aufeinanderfolge der koranischen Einzeltexte in den Blick nimmt und literarische und theologische *Entwicklungen* aufzuspüren versucht. Daneben gibt es noch eine dritte grundlegende Dimension der Koranlektüre: nämlich die Frage, inwiefern sich koranische Texte mit früheren – insbesondere jüdischen und christlichen Traditionen –

überschneiden. Von ihr soll im folgenden Kapitel gehandelt werden.

Koranische Intertextualität

Westlichen Lesern des Korans springt neben dem Fehlen einer übergreifenden erzählerischen oder thematischen Ordnung vor allem der Anklang vieler Koranstellen an biblische Erzählungen und Vorstellungen ins Auge. Gerade für jüdische und christliche Leser ist deswegen die Versuchung groß, den Koran in erster Linie auf seine Übereinstimmungen mit früheren Texten und Überlieferungen zu befragen – nicht zufällig trägt das Gründungsdokument der modernen westlichen Koranwissenschaft den Titel *Was hat Mohammed aus dem Judenthume aufgenommen?* (Abraham Geiger, 1833). Reduktionistisch auf die Spitze getrieben wird ein solcher Zugang von Christoph Luxenberg, dessen These von einer »syro-aramäischen Lesart des Korans« Anfang des Jahrtausends für Aufsehen sorgte.[10] Luxenberg zufolge liegt dem koranischen Korpus ein in syrisch-aramäischer Sprache verfasstes christliches Werk zugrunde, welches erst nachträglich zu einem arabischen und islamischen Text umgedeutet worden sei. Immer dann, wenn eine Koranstelle schwer verständlich oder »dunkel« scheint, versucht er deshalb, den koranischen Konsonantentext nicht arabisch, sondern syrisch-aramäisch zu lesen, um so Licht in die Dunkelheit zu bringen. Dabei bleibt jedoch durchaus dunkel, was eigentlich eine »dunkle« Koranstelle ausmacht. Luxenbergs bekannteste These etwa, mit den jenseitigen Gespielinnen der Seligen seien eigentlich »weiße Trauben« gemeint, bezieht sich auf Koranpassagen, die keineswegs schwer verständlich sind; Luxenberg scheint sie einfach für sittlich anstößig zu befinden und tut sein Bestes, sie durch linguistisch zweifelhafte Ableitungen – die sich nirgends auf vorkoranische syrische Quellen stützen – an christliche Paradiesvorstellungen anzupassen.

Nun betonen die Korantexte selbst immer wieder, frühere Offenbarungen zu »bestätigen« (s. etwa 3:3), also im Wesentlichen dieselbe Botschaft zu artikulieren wie diese. Dennoch gilt es, der Versuchung zu einem Luxenberg'schen Reduktionismus zu widerstehen. Denn die meisten Koranpassagen, die sich mit jüdischen und christlichen Texten überschneiden, weisen auch signifikante Abweichungen und Akzentverschiebungen auf. Mit dem Koran verhält es sich dabei nicht anders als mit der Hebräischen Bibel: Als es in der zweiten Hälfte des 19. Jahrhunderts gelang, die mesopotamische Keilschrift zu entziffern, und altorientalische Texte wie das Atrahasis-Epos und das Gilgamesch-Epos bekannt wurden, bemerkte man frappierende Parallelen zu den alttestamentlichen Schöpfungs- und Sintfluterzählungen. War die Bibel nur ein fernes Echo der mesopotamischen Hochkultur? Erst nach und nach lernte die Forschung, neben offenkundigen Abhängigkeiten auch die gezielte Umgestaltung altorientalischen Gedankenguts in der Bibel wahrzunehmen. Ein vergleichbarer hermeneutischer Lernprozess ist in der Koranwissenschaft erst noch im Gange.

Wie für die Bibel ist auch für den Koran eine Dialektik von kultureller Kontinuität und Innovation charakteristisch. Sie lässt sich gut an der *Basmala* illustrieren, der Formel »Im Namen Gottes, des barmherzigen Erbarmers«, die mit einer Ausnahme (Sure 9) jeder Sure voransteht.[11] Ihr Aufbau mit dem Einsatz »Im Namen ...«, an den sich im Arabischen drei aufeinanderfolgende Nomina anschließen, erinnert deutlich an die christliche Formel »Im Namen des Vaters, des Sohnes und des Heiligen Geistes«, die auf Jesu Taufbefehl am Ende des Matthäusevangeliums zurückgeht (Matthäus 28:19: »Darum gehet hin und machet zu Jüngern alle Völker: Taufet sie auf den Namen des Vaters und des Sohnes und des Heiligen Geistes ...«). Zugleich fällt jedoch ein wichtiger Unterschied in der theologischen Aussage auf: Während die christliche Formel die drei Personen der Dreifaltigkeit nennt – Vater, Sohn, Heiliger Geist –, stehen in der koranischen Variante zwei Gottesnamen und ein Attribut, die allesamt auf ein und dieselbe göttliche Person Bezug nehmen. Das passt dazu, dass der Koran auch anderswo gegen die christliche Lehre von der Gottessohnschaft Jesu – der im Koran nur ein Prophet ist – Stellung nimmt (vgl. 5:72–73). Wichtig ist aber vor allem, dass gerade die formale Analogie zwischen *Basmala* und neutestamentlicher Taufformel als Hintergrund für eine umso nachdrücklichere inhaltliche Absetzung zu fungieren scheint – die formale Ähnlichkeit unterstreicht die inhaltliche Differenz. Man hat es also mit einer gezielten Anspielung zu tun, die von den Adressaten des Textes durchaus bemerkt worden sein dürfte.

Das von manchen Koranpassagen aufgespannte Gewebe von intertextuellen Bezügen kann äußerst komplex sein, was anhand eines zweiten, etwas verwickelteren Beispiels detailliert vorgeführt werden soll. Ich wähle dazu einen kurzen Abschnitt aus der zweiten Sure (2:30–34), der die Erschaffung Adams behandelt und üblicherweise in die medinensische Zeit datiert wird.[12] Er knüpft an eine Reihe früherer Koranstellen an (15:26 ff., 17:61 ff., 38:71 ff., 20:115 ff. und 7:10 ff.), auf die zunächst kurz einzugehen ist. Sie berichten, wie Gott den Engeln die Erschaffung Adams ankündigt und ihnen befiehlt, sich vor diesem niederzuwerfen. Iblīs (von griechisch *diabolos*, daraus »Teufel«) jedoch weigert sich (15:33: »Ich werfe mich nicht vor einem Menschen nieder, den du geschaffen hast aus Ton, aus geformtem Lehm!«)

und muss seinen Hochmut mit der Verbannung büßen, darf jedoch mit Gottes Erlaubnis von nun an versuchen, auch die Menschen zum Abfall von Gott zu verführen. Dass er darin fast momentanen Erfolg hat, zeigen Sure 7 und Sure 20, wo sich an die Verstoßung Iblīs' die aus der Genesis bekannte Erzählung vom Sündenfall Adams und Evas anschließt.

Zwar wird eine Anbetung Adams durch die Engel in der Bibel nicht erwähnt, doch nimmt der Koran auch hier eine frühere, allerdings nachbiblische Tradition auf. Bezeugt wird diese unter anderem von einem lateinischen Text mit dem Titel *Das Leben Adams und Evas*, bei dem es sich um die Übersetzung einer vielleicht aus dem ersten oder zweiten Jahrhundert stammenden hebräischen Vorlage handeln dürfte. Der Teufel berichtet Adam dort: »Als Gott den Lebenshauch dir eingeflößt hat und dein Gesicht und dein Abbild zum Ebenbild Gottes gemacht wurde, brachte dich Michael herzu und ließ dich im Angesicht Gottes anbeten, und Gott der Herr sprach: Siehe, Adam, ich habe dich zu unserem Ebenbild und Abbild gemacht. Und Michael ging hinaus und rief alle Engel und sprach: Betet das Ebenbild Gottes des Herrn an, wie es Gott der Herr geboten hat.« Als der Teufel sich geweigert habe, diesem Befehl Folge zu leisten, sei er zur Strafe von Gott verbannt worden.[13] Dass diese Geschichte auch später in christlichen Kreisen noch beliebt war, zeigt die syrische *Schatzhöhle*, eine im sechsten Jahrhundert oder früher entstandene Nacherzählung der Heilsgeschichte von der Schöpfung bis zur Auferstehung Jesu, die sich in manchen Details sogar noch enger mit dem Koran berührt als das *Leben Adams und Evas*.[14]

Auf die neue Pointe, welche die Erzählung von der Anbetung Adams im Koran erhält, kann hier aus Platzgründen nicht eingegangen werden. Nur auf eine wichtige Differenz zu den genannten vorkoranischen Texten sei hingewiesen:

Während die vorkoranischen Quellen die Anbetung Adams durch die Engel damit in Verbindung bringen, dass Gott ihn nach seinem »Abbild« geschaffen habe (Genesis 1:26–27), heißt es im Koran nur lapidar: »Als dein Herr zu den Engeln sagte: Ich schaffe einen Menschen aus Ton, aus geformtem Lehm. / Wenn ich ihn dann geformt habe und ihm von meinem Geist eingeblasen habe [vgl. Genesis 2:7], dann fallt vor ihm nieder!« (15:28–29) Die Anbetung Adams durch die Engel wird hier also lediglich darauf zurückgeführt, dass Gott einen entsprechenden Befehl erlassen habe, um den Gehorsam der Engel zu prüfen. Diese Elimination von Adams Gottesebenbildlichkeit ist sicher kein Zufall, sondern eine gezielte Korrektur. Denn die biblische Aussage, Gott habe den Menschen nach seinem Abbild geschaffen, ist durchaus nicht unproblematisch: Allzu leicht kann sie im Sinne einer physischen Ähnlichkeit zwischen Gott und Mensch aufgefasst werden und würde dann ein anthropomorphes (also Gott mit menschlichen Zügen ausstattendes) Gottesbild nahelegen. Während Juden und Christen wohl oder übel mit der biblischen Formulierung zu leben hatten, kann der Koran einen einfacheren Weg gehen: Er entledigt sich der potentiell anstößigen Wendung und stellt anderswo sogar kategorisch fest, dass Gott »nichts gleich ist« (42:11).

Wenden wir uns nun 2:30–34 zu, wo der Anbetung Adams durch die Engel eine Vorgeschichte vorangestellt wird. Bereits der Einsatz hebt sich charakteristisch von den gerade diskutierten Adam-Texten ab: Während Gott in 15:28 und 38:71 den Engeln ankündigt, er werde »einen Menschen schaffen«, verkündet er in 2:30, er wolle auf Erden »einen *khalīfa* einsetzen«, womit wohl ein »Statthalter« oder »Stellvertreter« Gottes gemeint ist (vgl. 38:26, wo David als *khalīfa* bezeichnet wird). Diese Anwendung des Wortes *khalīfa* auf Adam ist neu. Vermutlich soll der Ausdruck als Ersatz für die biblische Beschreibung des Menschen als Abbild Gottes fungieren: Er bringt die besondere Stellung des Menschen gegenüber der übrigen Schöpfung zur Sprache, ohne zu anthropomorphistischen Missverständnissen einzuladen.

Die Engel reagieren auf Gottes Schöpfungsankündigung mit Protest: Sie fragen Gott, ob er jemanden auf Erden bestellen wolle, »der dort Unheil stiftet und Blut vergießt, während wir dich lobpreisen und deine Heiligkeit rühmen«. Gott jedoch verbittet sich diese Kritik: »Ich weiß, was ihr nicht wisst.« (2:30) Durch ein Exempel führt er den Engeln ihr Unwissen sodann konkret vor: Zunächst »lehrt« er Adam – dessen eigentliche Erschaffung nicht näher ausgeführt wird – die Namen aller Geschöpfe. Daraufhin fordert er die Engel auf, ihm die Namen derselben zu nennen (2:31). Die Engel bekennen, dazu nicht imstande zu sein (2:32), wohingegen Adam den göttlichen Befehl zu erfüllen vermag (2:33). Im Anschluss hieran ergeht der aus früheren Suren bekannte Befehl zur Niederwerfung der Engel vor Adam (2:34).

Auch diese koranische Vorgeschichte der Anbetung Adams macht von früheren Traditionen Gebrauch. Entsprechungen zu ihr finden sich in verschiedenen Werken des rabbinischen Judentums, unter anderem in *Genesis Rabba*, einem wohl aus dem fünften Jahrhundert stammendem Kommentar zum Buch Genesis (Parascha 17, zu Genesis 2:19).[15] Gott berät sich dort vor Erschaffung Adams mit den Engeln, wobei die Ankündigung aus Genesis 1:26 (»Wir wollen einen Menschen nach unserem Abbild machen!«) offenbar als Frage verstanden wird: »Sollen wir einen Menschen nach unserem Abbild machen?« Als sich die Engel skeptisch erkundigen, welchen Charakter dieses neue Wesen haben werde, entgegnet Gott, dass der Mensch sie an Weisheit übertreffen werde. Unter Beweis gestellt wird dies durch eine Ausschmückung der kurzen Notiz aus Genesis 2:19–20, derzufolge Gott dem Menschen alle Tiere zugeführt habe, »um zu sehen, wie er sie benennen würde; und wie der Mensch jedes lebendige Wesen benannte, so sollte es heißen«. In der rabbinischen Legende fordert Gott zuerst die Engel auf, den von ihm geschaffenen Tieren Namen zu geben; als sie nichts zu sagen wissen, kommt Adam an die Reihe und meistert die von Gott gestellte Aufgabe bravourös. Er weiß sogar die Frage zu beantworten, wie er selbst heißen solle: »Was mich anbetrifft, so ist es angemessen, mich ›Adam‹ zu nennen, denn ich bin aus dem Erdboden [hebräisch *adama*] geschaffen.« Selbst für Gott findet Adam einen angemessenen Namen (»der Herr«).

Während es der rabbinischen Erzählung darum geht, die Klugheit Adams herauszustellen, verlagert die koranische Version den Schwerpunkt: Adams Fähigkeit, den Geschöpfen Namen zu geben, verdankt sich nicht seinem Scharfsinn, sondern göttlicher Belehrung (2:31). Die Pointe, dass letzten Endes alles Wissen von Gott ausgeht, wird auch in allen anderen Versen des betreffenden Abschnitts von Sure 2 bekräftigt: Bereits zuvor hat Gott die Engel mit der Aussage »Ich weiß, was ihr nicht wisst« (2:30) in die Schranken gewiesen, und die Engel müssen beschämt eingestehen: »Wir wissen nur das, was du uns gelehrt hast!« (2:32) Abschließend unterstreicht Gott selbst noch einmal seinen alleinigen Anspruch auf umfassendes Wissen: »Habe ich euch nicht gesagt: Ich kenne das Verborgene der Himmel und der Erde?« (2:33) Obwohl der Handlungsgang der koranischen Passage also der rabbinischen Legende entspricht, wird das Geschehen doch gezielt verändert (Gott belehrt Adam über die Namen) und mit einer anderen theologischen Aussage unterlegt: Adams besonderer Status liegt nicht in immanenten Qualitäten begründet, etwa seiner besonderen Klugheit oder seiner Gottesebenbildlichkeit, sondern er ist ihm nur von Gott verliehen. Auf diese Weise wird implizit klargestellt, dass die in früheren Korantexten erzählte Niederwerfung der Engel nicht auf eine Anbetung der Person Adams zielt, sondern dass es sich dabei eigentlich um einen Akt der Unterwerfung unter Gott handelt. Die Passage gibt damit eine Antwort auf die Frage, wie sich die Niederwerfung der Engel vor Adam mit der allgemeinen koranischen Warnung verträgt, irgendetwas anderes zu verehren als Gott (vgl. nur 51:51).

Die koranische Primärbotschaft: Auferstehung und Jüngstes Gericht

Nach den allgemeinen Ausführungen der letzten drei Kapitel sollen nun in knapper Weise die wichtigsten Charakteristika der verschiedenen koranischen Textperioden dargestellt werden. Das vorliegende Kapitel beginnt mit der Keimzelle der Korangenese, nämlich mit den frühmekkanischen Suren, die man als die koranische »Primärbotschaft« bezeichnen kann.[16] Sie umfasst zwei Hauptaspekte: einerseits eine beißende Kritik moralischer Missstände, andererseits die Vorstellung, dass die Menschen sich am Jüngsten Tag vor Gott für ihre Taten zu verantworten haben und ihnen als Strafe die ewige Verdammnis droht.

Bereits sehr frühe Texte spielen auf die Undankbarkeit »des Menschen« gegenüber »seinem Herrn« (100:6) an und setzen so voraus, dass der Mensch Gott zu Dankbarkeit für dessen Gaben verpflichtet ist – eine Dankbarkeit, die sich nicht nur in Opfern und Gebeten, sondern vor allem auch im rechten zwischenmenschlichem Umgang zeigen soll. Diesem moralischen Anspruch jedoch wird »der Mensch« (vgl. 103:2,

100:6–8 oder etwas später 96:6–7) nicht einmal ansatzweise gerecht. In knappen Scheltworten werfen die koranischen Verkündigungen ihren Hörern Habgier (102:1), Betrug (83:1–3), mangelnde Solidarität mit Armen und Waisen (107:2–3) oder üble Nachrede (104:1) vor. Der Koran reaktualisiert damit Motive prophetischer Sozialkritik, die auch in den biblischen Prophetenbüchern prominent sind (vgl. die Kritik an der Unterdrückung von Armen und Waisen in Sure 89:17–20 mit Maleachi 3:5 oder Amos 4:1–3 sowie Sure 83:1–6 mit Amos 8:4–6). Wie bei den Propheten des alten Israel darf man aus derartigen Vorhaltungen allerdings nicht unbedingt ableiten, dass Egoismus und Skrupellosigkeit im vorkoranischen Mekka verbreiteter waren als an anderen Orten und zu anderen Zeiten: Die Radikalität der koranischen Kritik ist in erster Linie die Folge eines radikalen – weil theologisch aufgeladenen – moralischen Anspruchs und nicht notwendigerweise Ausdruck historisch besonders außergewöhnlicher Unterdrückungs- und Ausbeutungsverhältnisse.

Beide Hauptelemente der koranischen Primärbotschaft – Gerichtsbotschaft und moralische Kritik – bedingen sich gegenseitig. Einerseits fällt mit dem Unglauben an das endzeitliche Gericht nach koranischem Verständnis eine zentrale moralische Hemmung fort: »Was meinst du von dem, der das Gericht leugnet? / Das ist derjenige, der die Waise wegstößt / und nicht zur Speisung des Armen anhält.« (107:1–3) Andererseits ist es die Gier nach irdischen Gütern, die Befangenheit in unmittelbarer diesseitiger Vorteilssuche, welche dem Menschen vorspiegelt, er sei »sich selbst genug« (92:8–9, 96:7, 80:5), und ihn unfähig dazu macht, ein seine gewohnte Lebenswelt transzendierendes Jüngstes Gericht zu akzeptieren.

Ein gutes Beispiel dafür, wie diese beiden Themen in den frühen Koranverkündigungen miteinander verwoben sind, bietet die kurze Sure 102: An den kategorischen Vorwurf der Habgier (V. 1 und 2: »Die Habgier lenkt euch ab / bis ihr ins Grab kommt!«) schließen sich zwei jeweils dreigliedrige Drohsprüche an:

> 3 Nein, ihr werdet zu wissen bekommen!
> 4 Nochmals: Nein, ihr werdet zu wissen bekommen!
> 5 Nein, wenn ihr nur sicher wüsstet!
> 6 Ihr bekommt bestimmt das Höllenfeuer zu sehen!
> 7 Nochmals: Ihr bekommt es bestimmt mit sicherem Blicke zu sehen!
> 8 Nochmals: An jenem Tage werdet ihr bestimmt über das Wohlleben befragt!

Die Passage weist eine mehrschrittige rhetorische Steigerung auf und illustriert damit die sorgfältige literarische Gestaltung bereits früher Koranverkündigungen. Am Anfang der ersten Dreiergruppe steht eine rätselhaft verhüllte Drohung (V. 3: »Ihr werdet zu wissen bekommen«), die zunächst durch einmalige Wiederholung bekräftigt wird (V. 4), bevor das Angedrohte dann in einem ersten Höhepunkt als unausweichlich bzw. als Gegenstand »sicheren« Wissens beschrieben wird (V. 5). Die zweite Dreiergruppe nennt dann ausdrücklich das »Höllenfeuer« (V. 6) und konkretisiert damit die vorangehende Versgruppe. Auch der Anfangsvers dieses zweiten Drohspruchs wird zunächst wiederholt (V. 7), und zwar in einer den letzten Vers des ersten Drohspruchs aufgreifenden Variation (»mit sicherem Blick«), bevor V. 8 schließlich den Fluchtpunkt des Ganzen in den Blick hebt: die endzeitliche Befragung der Menschen über ihr gottvergessenes »Wohlleben«.

Der zweitaktige Aufbau der Sure – formkritisch kann man von moralischem »Scheltwort« (V. 1 und 2) und eschatologischem »Drohwort« (V. 3–8) sprechen – zeigt, dass moralische Werte im Koran, anders als im vorislamischen Arabien, auf eine religiöse Grundlage gestellt werden: Der Mensch schuldet Gott die Einhaltung elementarer Verhaltensnormen, deren Übertretung Gott am Jüngsten Tag ahnden wird. Im Koran wird aber nicht nur die Moral ›religiösiert‹, sondern umgekehrt auch die Religion moralisiert: Denn echte Frömmigkeit hat sich nicht, oder nicht allein, in sakralen Verrichtungen wie Opfer und Gebet zu äußern, sondern vor allem in moralischem Verhalten. So parallelisiert Sure 107:4–7 die achtlose Teilnahme am Kultus mit der Weigerung, Armen und Bedürftigen Unterstützung zu gewähren, also mit eigentlich außerkultischem Fehlverhalten: »Wehe den Betenden, / die nicht auf ihr Gebet achtgeben, / die nur gesehen werden wollen / und Hilfeleistung verweigern!« Von einem aufrichtigen Beter, so die Botschaft, ist auch soziale Solidarität außerhalb des Gottesdienstes zu erwarten. Wiederum lässt sich eine gewisse Nähe zu biblischen Schriftpropheten feststellen, deren harsche Kultkritik (Hosea 6:6: »Liebe will ich, nicht Schlachtopfer …«; vgl. auch Micha 6:6–8) ebenfalls moralisches Handeln als eigentliches Feld religiöser Bewährung einsetzt.

Während manche Suren wie 102 nur sehr knappe Warnungen vor dem Jüngsten Gericht enthalten, zeichnen andere – vielleicht etwas später anzusetzende – Texte bereits detailliertere Entwürfe des Weltuntergangs und des Jüngsten Gerichts, so etwa Sure 99:

1 Wenn die Erde heftig bebt
2 und die Erde ihre Lasten ausstößt
3 und der Mensch sagt: »Was ist mit ihr?« –
4 an jenem Tag erzählt sie, was sie zu berichten hat,
5 denn dein Herr hat es ihr eingegeben;

6 an jenem Tag kommen die Menschen verstreut heraus, damit sie ihre Werke zu sehen bekommen:
7 Wer das Gewicht eines Staubkorns an Gutem getan hat, der sieht es,
8 und wer das Gewicht eines Staubkorns an Bösem getan hat, der sieht es.

Der Abschnitt illustriert einerseits, dass koranische Jenseitsschilderungen häufig mit antithetischen Gegenüberstellungen von Verdammten und Seligen arbeiten (vgl. den Parallelismus in V. 7 und 8). Andererseits bietet der Surenanfang ein gutes Beispiel für die für frühmekkanische Suren charakteristischen Temporalsätze, welche den Weltuntergang oder die Vorbereitungen zum Jüngsten Gericht schildern; sie stehen anderswo häufig im Passiv und sparen damit den göttlichen Urheber der geschilderten Verheerungen aus.

Passagen wie die gerade zitierte gebrauchen etablierte Motive jüdischer und christlicher Endzeitvisionen. Von einem apokalyptischen Erdbeben und davon, dass die Erde die Toten auswirft (Sure 99:1–2), spricht bereits die neutestamentliche Offenbarung des Johannes (11:13 und 20:13). Wenn Sure 81:1 eine eschatologische Verfinsterung der Sonne ankündigt, so entspricht dies Offenbarung 6:12 und Markus 13:24; von einer Verrückung der Berge wie in Sure 81:3 spricht schon Offenbarung 6:14; und das in 81:10 beschriebene Aufschlagen von Tatenregistern beim Jüngsten Gericht findet sich in Offenbarung 20:12.[17] Auch die Vorstellung, dass das Weltende und die Auferstehung der Toten durch einen Posaunenstoß eingeleitet werden (etwa 69:13, 74:8, 78:18), teilt der Koran mit dem Neuen Testament (1. Thessalonicherbrief 4:16, 1. Korintherbrief 15:52). Zu betonen ist, dass die genannten Motive auch in nachbiblischen christlichen Texten wie den syrischen Dichtungen Ephrems (gest. 373) und Jakobs von Sarūg (gest. 521) wiederholt und variiert werden, so dass der Koran hier keineswegs speziell auf neutestamentliche Schriften anspielen muss.

Im Gegensatz zu apokalyptischen Texten wie der Johannesoffenbarung ist der Koran allerdings nicht daran interessiert, die verschiedenen Stadien des zum Weltende hinführenden Geschichtsverlaufs zu prognostizieren. Stattdessen nimmt er einen Moment totaler Zerstörung in den Blick, der im Wesentlichen ohne innergeschichtlichen Vorlauf über die Welt hereinbricht. Das Anliegen solcher Endzeitschilderungen ist in erster Linie moralistisch: Es geht darum, die Hörer durch schreckenerregende Panoramen des Weltendes aufzurütteln und zur Veränderung ihres Verhaltens zu bewegen. Die koranische Gerichtsverkündigung scheint aber nicht auf fruchtbaren Boden gefallen zu sein: Die Verben »ungläubig sein« (*kafara*) und »leugnen« (*kadhdhaba*) gehören zu den frühesten feststehenden Begriffen im Koran (vgl. 84:22 und 85:19), und zahlreiche spätere Passagen zitieren skeptische Einwände gegen die endzeitliche Auferstehung (etwa 37:16,17).

Wohl um angesichts solcher Zweifel den Schockeffekt der koranischen Gerichtsbotschaft noch zu verstärken, finden sich in allen drei mekkanischen Perioden Stellen, die besagen, dass die Stunde des Gerichts »nahegerückt« (21:1, 54:1, 70:6–7) bzw. dass sie »vielleicht nahe« sei (17:51, 42:17). Einer genaueren zeitlichen Bestimmung allerdings entziehen die Korantexte sich (79:42–45, 7:187), zumal ihre Hörer unbequeme Nachfragen gestellt zu haben scheinen, etwa in 51:12: »Sie fragen dich: ›Wann ist denn der Gerichtstag?‹« Zwei Stellen scheinen die Aussage, dass das Gericht nahe bevorstehe, sogar ausdrücklich zurückzunehmen: »Ich weiß nicht, ob das, was euch angedroht wird, nahe ist oder ob mein Herr ihm noch eine Frist setzt.« (72:25; siehe auch

21:109) Letzten Endes ist das Problem, ob der Jüngste Tag schon morgen oder vielleicht erst in mehreren hundert Jahren eintritt, aus koranischer Perspektive aber auch irrelevant: Es geht nicht darum vorherzusagen, wann das Jüngste Gericht stattfinden wird, sondern darum, dass jeder Mensch so zu leben hat, *als ob* das Gericht jederzeit bevorstünde – eine auch im Neuen Testament geforderte Habacht-Mentalität (vgl. Matthäus 25:42.: »Darum wachet; denn ihr wisst nicht, an welchem Tag euer Herr kommt.«).

Während das frühe Christentum allerdings ein baldiges Eintreten des Weltendes als sicher angesehen zu haben scheint (Markus 9:1, 1. Thessalonicher 4:15–17), hält sich der Koran für den Fall eines Ausbleibens der Endzeit eine Hintertür offen: Er greift die insbesondere im dyophisitischen (nestorianischen) Christentum prominente Lehre vom Seelenschlaf auf, derzufolge die Verstorbenen die Zeit zwischen ihrem Ableben und dem Jüngsten Tag in einem Zustand der Bewusstlosigkeit verbringen.[18] Bereits der frühmekkanische Vers 79:46 kann deswegen feststellen: »Am Tag, da sie sie [nämlich die Stunde des Gerichts] erblicken, ist es, als hätten sie [nach ihrem Tod] nur einen Abend verweilt oder den darauffolgenden Morgen.« Auch der auffällige Sachverhalt, dass 75:26–30 den individuellen Tod mit eschatologischen Zügen ausstattet, erklärt sich am ehesten aus der Ansicht, dass die endzeitliche Auferstehung aus der subjektiven Perspektive des Verstorbenen unmittelbar auf sein Ableben folgt.

Die Tatsache, dass der Koran mit der Lehre vom Seelenschlaf vertraut ist, spricht, wie Tor Andrae bereits 1926 erkannt hat, für eine enge Verbindung der eschatologischen Primärbotschaft des Korans mit dem syrischen Christentum. Tatsächlich findet sich in der syrisch-christlichen Tradition eine eschatologisch geprägte Frömmigkeit, die mit derjenigen der frühen Koranverkündigungen eng verwandt ist.[19] Wie die frühen Korantexte prangert auch die syrische Mönchsliteratur, etwa die Mahndichtungen Ephrems, menschliche Jenseitsvergessenheit, Besitzgier und Selbstüberschätzung an, und wie der Koran misst sie dem nächtlichen Gebet (siehe Sure 73:1–9, 51:17, 17:79) und dem Almosengeben (vgl. nur Sure 92:17–18) hohe Bedeutung als Ausdruck von Gottes- und Gerichtsfurcht bei. Die koranischen Ausführungen über die jenseitige Seligkeit und Verdammnis (s. u.) haben teilweise ebenfalls Entsprechungen in den Jenseitsschilderungen Ephrems und anderer syrischer Autoren. Auch die Tatsache, dass manche frühmekkanischen Verkündigungen wie die Trostsuren 93 und 94 psalmisch geprägt sind,[20] ist wohl weniger durch einen direkten Rückgriff auf den Psalter zu erklären als dadurch, dass die Psalmenrezitation ein wichtiger Bestandteil der Andachtsübungen syrischer Mönche war.[21] Für den Historiker stellt sich die koranische Primärbotschaft damit zu einem wesentlichen Teil als eine arabische Rezeption syrisch-christlicher Eschatologie dar. (Ein gläubiger Muslim mag bevorzugen, denselben Befund so zu beschreiben, dass der Koran hier »bestätigt, was bereits vor ihm da war«, vgl. Sure 3:3).

Damit drängt sich natürlich die Frage auf, welche geschichtlichen Faktoren zu einem solchen Überspringen eschatologischer Vorstellungen in das arabische Entstehungsmilieu des Korans geführt haben könnten. W. Montgomery Watt hat in den 1950er Jahren versucht, die koranische Primärbotschaft als Reaktion auf eine gesellschaftliche Krise zu erklären: Der durch den mekkanischen Karawanenhandel erzeugte Reichtum habe zu einem den gesellschaftlichen Zusammenhalt erodierenden Individualismus geführt, dem die Koranverkündigungen mit einer eschatologischen Neubegründung moralischer Werte entgegenzuwirken versucht hätten.[22] Diese Theorie ist heutzutage jedoch außer Mode gekommen: Weder scheinen die mekkanischen Handelsaktivitäten auch nur annähernd das von Watt vorausgesetzte Ausmaß erreicht zu haben,[23] noch darf man die koranische Aktualisierung von herkömmlichen Motiven prophetischer Sozialkritik als Beleg für eine Gesellschaft am Rande des ethischen Kollapses werten. Sieht man in religiösen Vorstellungen mehr als nur einen Reflex gesellschaftlicher und wirtschaftlicher Verhältnisse, so erscheint es zudem fraglich, ob der eschatologische Diskurs der frühen Suren überhaupt von irgendeiner Krisensituation abzuleiten ist.[24] Zweifellos hat die Tatsache, dass es Anfang des siebten Jahrhunderts in Mekka zu einer arabischen Aneignung zentraler Motive der christlichen Eschatologie kommen konnte, benennbare geschichtliche Voraussetzungen (etwa eine hinreichende Verbreitung solchen Gedankenguts und das Hervortreten des Altarabischen als Prestige- und Literatursprache). Welcher zündende Funke das historisch Mögliche allerdings in etwas Wirkliches verwandelt hat, ist im Falle des Korans wohl nicht mehr zu greifen; es dürfte sich aber wohl eher um das individuelle Nachsinnen Muhammads – oder, wenn man aus theologischer Perspektive sprechen will, göttliche Inspiration – gehandelt haben als um eine mekkanische Gesellschaftskrise.

Obwohl ich mehrfach Überschneidungen zwischen der koranischen Primärbotschaft und christlichen Vorstellungen betont habe, stellen die frühen Korantexte doch zugleich ein genuines Novum dar. Dieses besteht einerseits darin, dass sie erstmals einen biblisch geprägten Offenbarungsdiskurs in arabischer Sprache entwickeln, wobei sie vom Arabischen einen literarisch hochgradig innovativen und kunstvollen Gebrauch machen. Andererseits stellen die frühen Koranverkündigungen nicht nur *arabische* Offenbarungstexte dar, sondern eben auch arabische *Offenbarungstexte*, womit sie sich grundsätzlich von den Dichtungen Ephrems und ähnlicher

Literatur abheben[25]: Bereits sehr frühe Suren wie 94, 95 und 108 präsentieren sich durch ihre Redeperspektive als Aussprüche Gottes, und schon in frühmekkanischer Zeit wird dieser Offenbarungsanspruch noch zusätzlich durch explizite Selbstbeschreibungen verstärkt (vgl. 85:21–22 und 80:11–16 sowie besonders ausführlich 81:15–29 und 53:1–18). Zwar kann Gott auch in der dritten Person Singular als »dein Herr« bezeichnet werden, und manche frühen Suren (etwa 91, 100 oder 104) enthalten gar keine Vorkommnisse der ersten Person. Dennoch ist göttliche Ich- und Wir-Rede bereits in der ältesten koranischen Textschicht so verbreitet, dass sich Muhammads Verkündigungen von Anfang an als Gottesbotschaften präsentiert zu haben scheinen – was zu einer Zeit, zu der prophetische Offenbarungen den allermeisten Christen und Juden nur noch als ein in Heiligen Schriften konserviertes Phänomen der fernen Vergangenheit galten, durchaus bemerkenswert ist.

Monotheismus und Gemeindebildung

Obwohl der Monotheismus insgesamt vielleicht die markanteste theologische Lehre des Korans bildet, gehen Muhammads Verkündigungen doch erst gegen Ende der frühmekkanischen Zeit dazu über, die Existenz anderer Gottheiten als Allāh ausdrücklich zu bestreiten. Allerdings wird damit in gewisser Weise nur eine Konsequenz aus den früheren Suren gezogen, welche die umfassende Zuständigkeit des göttlichen Schöpfers und Richters bereits in einem solchen Maße betonen, dass für eine Anerkennung weiterer göttlicher Wesen kaum Raum bleibt. Diese Entwicklung deutet sich bereits in einem kurzen Passus in der gegen Ende der frühmekkanischen Periode zu datierenden Sure 53 (V. 19–22) an, wo auf noch eher beiläufige Weise bestritten wird, dass die altarabischen Göttinnen al-Lāt, al-'Uzzā und Manāt als Töchter Allāhs anzusehen seien. Die Tatsache, dass die Stelle nachträglich um die erheblich schärferen Verse 23–32 ergänzt wurde, deutet darauf hin, dass sich die Debatte um das Thema schnell zugespitzt hat. Noch in frühmekkanischer Zeit finden sich dann erstmals auch allgemeine Negationen der Existenz anderer Götter wie in 73:9 (»Es gibt keinen Gott außer ihm«; siehe auch 51:51).

Damit ist neben den Gerichtsgedanken der Eingottglaube als zweite grundlegende Lehre der mittel- und spätmekkanischen Koranverkündigungen getreten. Beide Themen werden zunehmend in ausgedehnten Polemiken gegen die mekkanischen »Ungläubigen« und »Beigeseller« behandelt, die häufig Zitate gegnerischer Einwände sowie Muhammad aufgetragene Entgegnungen enthalten (so schon in 37:14–18). Auch wenn es sich dabei natürlich um literarisch stilisierte Wortwechsel handelt, in denen der Koran stets das letzte Wort behält, ist es doch wahrscheinlich, dass sie zumindest einen Eindruck von realen Auseinandersetzungen vermitteln, die rhetorisch immer weiter eskalierten.

Parallel dazu scheint sich eine kleine Gemeinde von Anhängern um Muhammad gesammelt zu haben. Literarisch fassbar wird dies unter anderem am Aufkommen von positiven Kollektivbezeichnungen wie »diejenigen, die glauben« und »die Gottesfürchtigen«, die erstmals gegen Ende der spätmekkanischen Zeit in Erscheinung treten (83:29,34, 77:41, 78:31). Besonders gehäuft finden sich stereotype Bezugnahmen auf »diejenigen, die glauben«, oft erweitert um den Zusatz »und gute Werke tun«, in einer Reihe von Versen, die wohl nachträglich – aber wohl noch vor der Hidschra – in frühmekkanische Suren eingeschaltet wurden. So werden etwa von der kategorischen Unheilsansage in 103:2 (»Der Mensch steckt im Verlust«) in einem Nachtrag diejenigen ausgenommen, »die glauben und gute Werke tun« (V. 3) – eine Einschränkung, die sich plausibel mit der Entstehung einer koranischen Urgemeinde in Verbindung bringen lässt, welche sich durch den Glauben an das Jüngste Gericht und die Ablehnung anderer Gottheiten als Allāh definierte.

Die späteren mekkanischen Suren

Neben polemischen Passagen wird das Erscheinungsbild späterer mekkanischer Suren noch durch drei weitere Texttypen bestimmt: Jenseitsschilderungen (die bereits anhand Sure 99 illustriert wurden), Erzählungen über vergangene göttliche Strafgerichte sowie Aufzählungen göttlicher Gnadenerweise.

Koranische Jenseitsschilderungen stellen das Los der Seligen und Verdammten sowie ihre charakteristischen Verdienste bzw. Verfehlungen einander gegenüber. In mittel- und spätmekkanischen Suren können sie sich über ganze Versgruppen erstrecken, die sich häufig in zahlreichen Details entsprechen: Die Seligen lagern unter schattigen Sträuchern, wohingegen die Verdammten glutheißem Wind ausgesetzt sind etc. In der Regel wird das Jenseits als ewiges Gastmahl vorgestellt, und zwar in positiver wie negativer Hinsicht: Während den Seligen Früchte und silberne Becher gereicht werden und sie in seidenen Gewändern auf Kissen ruhen (vgl. etwa 76:11–21), erhalten die Verdammten »heißes Wasser und Eiter« (78:25) oder »Dornsträucher, die nicht nähren und nicht den Hunger stillen« (88:6–7) – eine sadistische Umkehrung paradiesischer Gastlichkeit. Solche himmlischen Bankettszenen haben einerseits Entsprechungen in der christlichen Tradition, etwa Ephrems Hymnen auf das Paradies.[26] Zugleich sind sie aber auch himmlische

Überbietungen der in altarabischen Gedichten anzutreffenden Gelagebeschreibungen, deren Vokabular sie teilweise benutzen[27] – ein Indiz dafür, dass die Korantexte nicht nur eine Debatte mit jüdischen und christlichen Texten führen, sondern auch mit der altarabischen Dichtung.

Auch die zweite der genannten Textsorten, die koranischen Straferzählungen, wurzelt in frühmekkanischer Zeit. So schildert Sure 91:11–15 unter Aufnahme altarabischer Traditionen, wie der Stamm der Thamud gegen den ausdrücklichen Befehl eines göttlichen Gesandten eine Gott geweihte Kamelstute schlachtet und zur Strafe »dem Erdboden gleichgemacht« wird. Bereits an dieser frühen Passage wird die typische Figurenkonstellation der Straferzählungen deutlich: Ein unerschrockener Gläubiger wie Noah, Abraham oder Mose ruft ein bestimmtes »Volk« zum Gehorsam gegenüber Gott auf. Seine Ermahnungen werden jedoch in den Wind geschlagen, er selbst wird tätlich bedroht. In einer Art begrenzter Vorwegnahme des Jüngsten Tages vernichtet Gott daraufhin die Ungläubigen, wobei jedoch der Gesandte selbst, eventuell mitsamt einer kleinen Schar von Anhängern, auf wundersame Weise gerettet wird. Dieses allgemeine Handlungsschema wird in eine Vielzahl biblischer Stoffe – die Sintfluterzählung, Abrahams Aufbruch in das Gelobte Land, die Zerstörung von Sodom und Gomorrha, den Auszug der Israeliten aus Ägypten – einbezogen. Solche Erzählungen stehen in mittel- und spätmekkanischen Suren fast immer im Mittelteil (wobei es allerdings auch eine ganze Reihe von Texten mit nichtnarrativem Mittelteil gibt). Wie in Sure 37 können dabei mehrere Perikopen zu einem übergreifenden Zyklus verbunden werden (vgl. die Suren 54, 26 und 19), oder es kann eine einzige Erzählung ausführlich entfaltet werden (etwa die Geschichte Moses in 20:9–99 oder die Joseflegende in Sure 12).

Solche Erzählungen dienen natürlich dazu, die koranische Ansage eines endzeitlichen göttlichen Strafgerichts anhand von Präzedenzfällen zu untermauern. Zugleich tragen sie die endzeitliche Dichotomie von Seligen und Verdammten in die menschliche Geschichte hinein: Nicht erst am Jüngsten Tag, sondern bereits in der irdischen Realität stehen sich Gläubige und Ungläubige als verfeindete Kollektive gegenüber, denen sich die Protagonisten koranischer Erzählungen eindeutig zuordnen lassen; häufig nimmt der Text dem Leser diese Zuordnung durch wertende Zwischenkommentare, die generell typisch für den Koran sind, sogar ab (so wird im Mittelteil von Sure 37 mehrfach die Wendung »Er gehört zu unseren gläubigen Dienern« wiederholt). Koranische Charaktere – seien es positive Figuren, wie Abraham, Mose und Josef, oder negative, wie Pharao – sind deshalb weitgehend frei von moralischen Ambivalenzen.[28]

Nicht zuletzt vermitteln koranische Erzählungen Trost. Insofern die Situation des angefeindeten Gottesgesandten und seiner Anhänger derjenigen der koranischen Gemeinde entspricht, vermittelt die Vergegenwärtigung vergangener Eingriffe Gottes in die Geschichte den Anhängern Muhammads – und potentiell auch in Not befindlichen Gläubigen späterer Zeiten – Hoffnung und Zuversicht. Man könnte deshalb in vielen Fällen genauso gut von *Rettungs-* wie von *Straf*erzählungen sprechen. In manchen koranischen Erzählungen tritt der Aspekt der Strafe sogar ganz hinter denjenigen einer von Gott gewirkten Rettung und Rechtfertigung bedrängter Gläubiger zurück. Dies ist etwa in dem in Sure 19 enthaltenen Erzählzyklus der Fall, der schildert, wie dem kinderlosen Zacharias (dem Vater von Johannes dem Täufer), der unehelich schwangeren Maria und dem von seinem heidnischen Vater verstoßenen Abraham göttlicher Beistand gegen die Anfeindungen und Verdächtigungen ihrer Mitmenschen zuteil wird.

Die dritte prägende Textsorte mittel- und spätmekkanischer Suren besteht in Auflistungen göttlicher Gnadenerweise, deren früheste Belege sich wiederum in frühmekkanischer Zeit finden. Sie können sowohl hymnischen Charakter haben, also primär auf die Preisung der Macht und Güte Gottes zielen, als auch als Grundlage polemischer Dispute mit den »Ungläubigen« dienen. Von Koranwissenschaftlern werden sie häufig als »*āyāt*-Passagen« bezeichnet, was sich von dem koranischen Begriff *āya* = »Zeichen« (nämlich von Gottes Wirken in der Welt) ableitet. Da jedoch aus koranischer Sicht auch göttliche Strafgerichte solche »Zeichen« darstellen (vgl. etwa 51:37), sollte man die betreffenden Textstellen vielleicht präziser als »Bekräftigungen göttlicher Schöpfungswerke« o. Ä. bezeichnen. Sie heben (zumeist in der ersten Person) hervor, wie fürsorglich und umsichtig Gott die Welt zum Wohle des Menschen eingerichtet hat (23:18–21):

18 Wir senden vom Himmel eine festgesetzte Menge Wasser
und weisen ihm seinen Platz auf der Erde zu.
– Wir haben die Macht, es wieder wegzunehmen! –
19 Wir haben euch dadurch Gärten mit Palmen entstehen lassen
und mit Rebstöcken, in denen es viele Früchte gibt
und von denen ihr esst,
20 und einen Baum, der auf dem Berg Sinai wächst,
der den Essenden Öl und Tunke liefert.
21 Auch im Vieh habt ihr Grund zum Nachsinnen.
Wir geben euch von dem zu trinken, was in seinen Bäuchen ist.
Es gereicht euch zu großem Nutzen,
und ihr esst von ihm.

21 Auf ihm und auf den Schiffen werdet ihr getragen.

Solche Ausführungen stehen, wie weiter oben festgestellt, in spürbarer Nähe zu psalmischen Naturschilderungen. Sie bringen damit ein Weltbild zum Ausdruck, das in fundamentalem Gegensatz zur altarabischen Dichtung steht, wo der natürliche Lebensraum des Menschen primär als Quelle von Gefährdungen und als Schauplatz heroischer Selbstbehauptung erscheint.[29]

Wie das Zitat zeigt, kreisen solche Hinweise auf Gottes Werke weniger um Schöpfungstaten zu Beginn der Welt als um das sorgfältig auf das menschliche Wohlergehen abgezweckte Funktionieren des Kosmos hier und jetzt. Besonders deutlich wird dieser Gegenwartsbezug in Stellen, die speziell auf Gottes Erschaffung des Menschen eingehen, dabei aber gerade nicht um die im ersten Buch der Bibel erzählte Erschaffung Adams im Sinn haben, sondern das Heranwachsen des menschlichen Embryos im Mutterleib. Entsprechende Belege finden sich bereits mehrfach in frühmekkanischen Suren (86:5–7, 75:37–40, 53:45–46), reichen aber noch bis in die spätmekkanische Zeit. Ich zitiere die frühe Version aus Sure 75:

37 War er nicht ein Tropfen von ausgestoßenem Samen,
38 und darauf etwas Klebriges? Dann schafft und formt er [ihn]
39 und macht daraus die beiden Geschlechter, Mann und Frau.
40 Ist der nicht imstande, die Toten zu beleben?

Wie die Herabsendung von Regen oder das Gedeihen von Pflanzen in 23:18 ff. wird hier ein natürlicher Vorgang als unmittelbar von Gott gewirkt beschrieben. Gerade im geregelten Ablauf natürlicher Prozesse soll der Gläubige also den Schöpfer als gegenwärtig erleben. Interessant ist, dass sich das Argument, welches aus Gottes Macht zur Bildung des Menschen aus einem bloßen Samentropfen seine Macht zur Auferweckung der Toten am Jüngsten Tage ableitet, schon bei Kirchenvätern wie Justin dem Märtyrer (gest. 165) oder Athenagoras von Athen (gest. gegen Ende des zweiten Jahrhunderts) findet und vorchristliche Wurzeln hat (2. Makkabäerbuch 7:22–23).[30] Der Koran tritt dem Zweifel seiner mekkanischen Hörer an einer endzeitlichen Auferweckung der Toten also mit einem Beweis entgegen, der auf eine jahrhundertelange Vorgeschichte zurückblicken kann und bereits eine stereotype Form angenommen hatte. Wohl deshalb ist zwischen den früh- und spätmekkanischen Versionen des Arguments keine nennenswerte Entwicklung feststellbar.

Die medinensischen Suren

Die medinensischen Suren, die einen beträchtlichen Umfang erreichen können, stellen den bislang wohl noch am wenigsten verstandenen Teil des koranischen Korpus dar. Inwiefern medinensische Langsuren wie Sure 2 aus einem Guss sind oder aber redaktionelle Zusammenstellungen unabhängiger Passagen darstellen, ist noch ungeklärt. Im Vergleich mit den mekkanischen Texten treten hymnische, eschatologische und erzählerische Partien merklich zurück und machen ausgedehnten Ansprachen an die koranische Gemeinde Platz, deren Binnengliederung vor allem durch Vokative wie »O ihr Gläubigen!«, »O Prophet!« etc. signalisiert wird.

Der Eindruck, man habe es hier mit mäandernden und literarisch wenig kunstvollen Texten zu tun, könnte allerdings trügen, wie anhand der Eröffnungspassage von Sure 5 deutlich wird. Sie besteht aus einer Abfolge von Aussagen zu verschiedenen Themen: V. 1–2 schreibt ein Jagdverbot während der Pilgerfahrt vor, V. 3–5 behandelt Speisevorschriften und die Zulässigkeit der Ehe mit jüdischen und christlichen Frauen, V. 6–7 gibt Vorschriften zur rituellen Waschung vor dem Gebet und V. 8–11 enthält allgemeine Mahnungen an die »Gläubigen«. Diese Themensequenz, deren inhaltlicher Zusammenhang nicht ohne weiteres ersichtlich ist, wird jedoch von einem dichten Netz terminologischer Korrespondenzen überlagert und zusammengebunden. Dabei weisen einander entsprechende Wendungen häufig ungefähr denselben Abstand zum Anfang bzw. Ende der Passage auf: So findet sich der Vokativ »O ihr Gläubigen!« zweimal am Anfang (V. 1 und 2) und am Ende (V. 8 und 11) des Abschnitts (und zusätzlich noch in V. 6); V. 2 und V. 8 warnen die Gläubigen davor, sich während der Pilgerfahrt vom »Hass gegen Leute«, die sie »vom unantastbaren Ort der Niederwerfung ferngehalten haben« – gemeint sind wohl die heidnischen Mekkaner –, provozieren zu lassen; und sowohl in V. 2 als auch in den Versen 7, 8 und 11 ist mehrfach von »Gottesfurcht« die Rede. Weiter innerhalb der Passage sichern V. 3 und 6 den Gläubigen zu, dass Gott »seine Gnade an euch vollenden« wolle, und beide Verse enthalten Härtefallregelungen für Situationen, in denen die koranischen Speisevorschriften nicht einzuhalten sind bzw. kein Wasser für die rituelle Waschung verfügbar ist. Und schließlich heißt es sowohl in V. 4 als auch in V. 5 – die das Zentrum dieses Bezugsnetzes bilden –, dass »euch die guten Dinge erlaubt sind«.[31] Angesichts solcher Indizien für eine sorgfältige literarischer Gestaltung wäre es ein Fehler, die medinensischen Suren lediglich unter dem Gesichtspunkt eines Zerfalls mekkanischer Kompositionsprinzipien zu betrachten; sie gehorchen offenbar ihrer eigenen literarischen Logik, die noch zu erforschen ist.

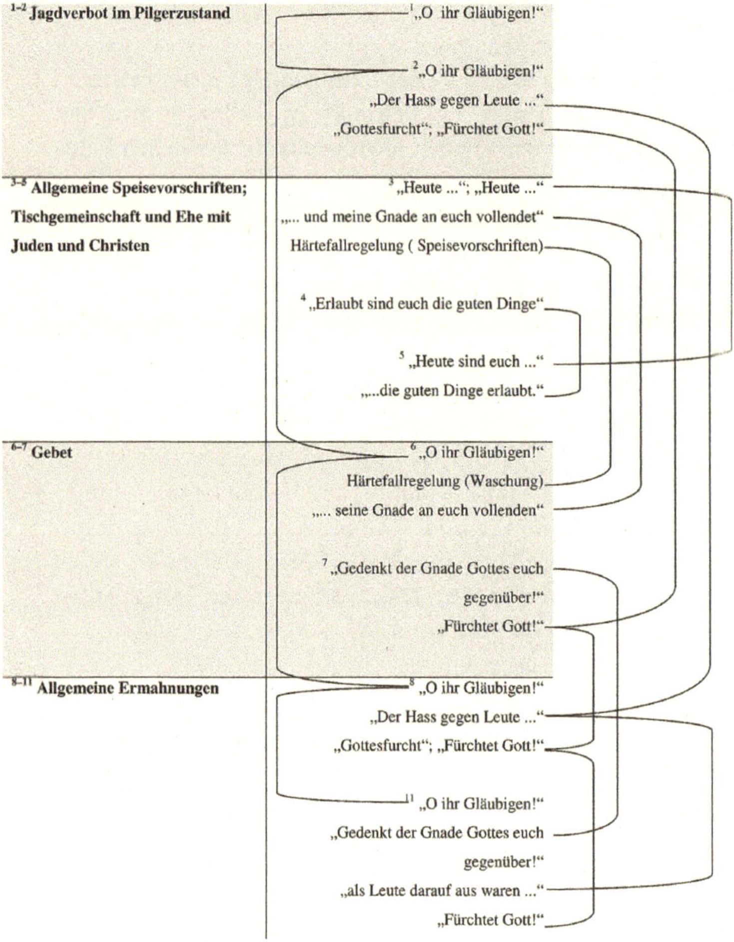

Der Ansprache- und Predigtcharakter medinensischer Korantexte hängt sicherlich auch mit einem Wandel der Rolle Muhammads zusammen. Während die mekkanischen Texte ihn in erster Linie als Übermittler göttlicher Warnbotschaften zeichnen, statten die medinensischen Suren ihn mit einer merklich gesteigerten Autorität aus. So rückt die jetzt häufige Formel »Gott und sein Gesandter« Muhammad zumindest sprachlich in ein engeres Verhältnis zu Gott als die übrigen Gläubigen,[32] und verschiedene Verse halten dazu an, »Gott und seinem Gesandten zu gehorchen« (4:13, 4:69, 24:52) – Muhammads Handlungen und Entscheidungen haben also offenbar auch in Fällen, in denen sie nicht ausdrücklich vom Koran gutgeheißen werden, als religiös verbindlich zu gelten. Die Tatsache, dass Muhammad darüber hinaus auch als »Prophet« (*nabīy*) tituliert wird – ein Ausdruck, der zuvor Gestalten der jüdisch-christlichen Heilsgeschichte wie Abraham, Moses und Jesus vorbehalten war –, markiert ebenfalls seinen Statusgewinn.[33]

Inhaltlich treten zu den beiden Leitgedanken der mekkanischen Zeit, Gerichtsverkündigung und Monotheismus, neue Schwerpunkte. Im Folgenden sollen zwei besonders wichtige Themenbereiche näher angesprochen werden, nämlich das in medinensischen Suren konzentrierte koranische Recht und die Auseinandersetzung mit Juden und Christen. Ein weiteres Kernthema der medinensischen Suren, die wiederholten Aufrufe zum Kampf gegen die mekkanischen »Ungläubigen«, kommt im letzten Kapitel kurz zur Sprache und wird hier vorerst ausgespart.

Gesetzliche Aussagen treten ansatzweise schon in mekkanischer Zeit auf: So enthält die mittelmekkanische Sure 17 ein koranisches Pendant zu den biblischen Zehn Geboten (V. 22–39), das noch in verschiedenen späteren Stellen nachhallt (insbesondere 6:151–153). Auch die koranischen Speisegebote erscheinen bereits in spätmekkanischen Texten: 16:115 und 6:145 (die allerdings auch medinensische Zusätze sein könnten) untersagen den Verzehr von Verendetem, Blut, Schweinefleisch und solchem Fleisch, »über dem ein anderes Wesen als Gott angerufen worden ist« – womit sie sich einerseits an die Speisevorschriften des neutestamentlichen »Aposteldekrets« (Apostelgeschichte 15:29) anlehnen, mit dem Verbot von Schweinefleisch aber zugleich maßgeblich darüber hinausgehen und eine Bestimmung adaptieren, die im antiken Christentum als judaisierend missbilligt wurde.[34]

Trotz solcher Ausnahmen beschränken sich mekkanische Suren meist auf allgemeine Aufrufe zum Glauben und zu guten Werken; ein Interesse an der detaillierten Definition von gebotenem und verbotenem Verhalten findet sich eigentlich nur im Falle der gerade angesprochenen Speisegebote, denen angesichts ihres zielgenauen Hindurchsteuerns zwischen jüdischen und christlichen Vorschriften wohl ein besonderer Symbolcharakter zukommt. Insgesamt scheint das Problem rechten Handelns aus der Perspektive mekkanischer Suren weniger darin zu bestehen, dass die Menschen nicht *wissen*, welche Verhaltensweisen gut sind, sondern eher darin, dass sie nicht *willens* sind, die ihnen eigentlich bekannten moralischen Normen auch zu befolgen.

In medinensischer Zeit ändert sich die Perspektive: Jetzt scheint sich die Position herauszukristallisieren, dass es zum Wesen von göttlichen Offenbarungen gehöre, positives Recht zu setzen. Besonders deutlich kommt diese Sichtweise in einer Passage aus Sure 5 (V. 44–50) zum Ausdruck.[35] Dort heißt es, Gott habe »die Tora herabgesandt …, damit die Propheten, die gottergeben waren, für die Juden entscheiden … nach dem, was ihnen von Gottes Schrift anvertraut ist«. Ebenso sei Jesus das »Evangelium« gegeben worden, damit »die Leute des Evangeliums nach dem entscheiden, was Gott darin herabgesandt hat«. Schließlich sei »die Schrift« auf Muhammad »herabgesandt« worden, damit dieser ebenfalls »nach dem, was Gott herabgesandt hat, entscheide«. Die Aufgabe von Offenbarungen – der biblischen wie der koranischen – besteht jetzt also nicht mehr nur in der Ermahnung zu gerechtem Handeln und in der Warnung vor dem Jüngsten Gericht, sondern auch darin, eine Grundlage für Rechtsentscheidungen bereitzustellen. Wahrscheinlich gehört diese Entwicklung in den Kontext der Auseinandersetzung mit dem medinensischen Judentum, worauf auch der Gebrauch eines hebräisch-aramäischen Lehnworts in V. 48 – »Für jeden von euch haben wir einen Pfad und ein Brauchtum gemacht« – hinweist: Das Wort für »Brauchtum«, *minhāj*, ist wohl von aramäisch *minhāgā*, »Brauch«, abzuleiten. Die Passage aus Sure 5 macht sich also die religionsgesetzliche Ausrichtung des jüdischen Offenbarungsverständnisses zu eigen, insistiert aber gegen Juden und Christen darauf, dass den koranischen Verkündigungen dieselbe Autorität zukomme wie den biblischen Schriften.

Inhaltlich erstrecken sich koranische Rechtssetzungen über ein weites Spektrum, wobei Anweisungen ritueller Art (Waschung vor der Verrichtung des Gebets; Pilgerriten; Fastenvorschriften), zum Familienrecht (Ehe und Scheidung, Erbrecht) und zum Strafrecht (etwa bei Totschlag, Ehebruch und Diebstahl) vorherrschen. Daneben macht der Text auch wirtschaftliche Vorgaben (Verbot der Zinsnahme; schriftliche Aufzeichnung von Krediten) und behandelt kriegsrechtliche Fragen (Aufteilung von Kriegsbeute; Frage der Zulässigkeit von Kriegshandlungen in geweihten Monaten). All diese Bereiche werden allerdings nicht systematisch entwickelt, sondern in Form von über unterschiedliche Suren verstreuten Einzelbescheiden behandelt. Einleitungsformeln wie »Sie fragen dich nach … Sprich: …« (vgl. 8:1) oder »Sie ersuchen sich um Bescheid. Sprich: …« (4:176) legen nahe, dass koranische Rechtssetzungen häufig auf konkrete Situationen oder Anfragen reagiert haben, in deren Gefolge dann diese oder jene Vorschrift erlassen bzw. ein bisheriger Brauch modifiziert worden ist. So wird etwa im Gefolge von

Muhammads umstrittener Heirat der geschiedenen Frau seines Adoptivsohnes Zaid – also seiner eigenen Schwiegertochter – die Aufhebung der Institution der Adoption verkündet (33:4–5 und 33:37).

Das zweite große Thema der medinensischen Suren ist die Auseinandersetzung mit Juden und Christen, also den etablierten Vertretern der auch vom Koran reklamierten biblischen Tradition. Wie wir im Zusammenhang mit Sure 5 beobachten konnten, dürfte die religionsgesetzliche Neuausrichtung der medinensischen Suren mit der Konkurrenz zwischen dem neu nach Medina eingeführten koranischen Monotheismus und dem von Teilen der medinensischen Bevölkerung vertretenen Judentum zusammenhängen. Dafür spricht auch Sure 2, die einerseits Regelungen aus fast allen Hauptbereichen des koranischen Rechts enthält und andererseits durch ihre ausführliche Anprangerung der angeblichen Ungläubigkeit und Halsstarrigkeit der Israeliten hervorsticht, wobei Letztere offenbar als Platzhalter für die Juden stehen. Übrigens bedienen sich die antijüdischen Polemiken des Korans zum Teil neutestamentlicher Motive und bieten deshalb wenig Anlass für christliche Selbstgerechtigkeit: Die mehrfach wiederholten Vorwürfe der Kalbsverehrung und des Prophetenmordes (siehe etwa 2:51, 2:61 und 2:91–92 sowie 4:153 und 4:155) etwa finden sich auch in der Rede des Stephanus vor dem Hohen Rat (Apostelgeschichte 7:41 und 7:52).

Der Koran fordert weder von den Juden noch den Christen explizit eine Aufgabe ihrer Religion, sondern lediglich die konsequente Einhaltung von Tora und Evangelium (vgl. 5:66 und 5:68). Allerdings macht die Kritik an der Überzeugung von der Gottessohnschaft Jesu (vgl. 5:72–76 und 5:116–118) deutlich, dass ein aus koranischer Sicht akzeptables Christentum die Aufgabe dieses christlichen Kerndogmas verlangen würde; und wenn 4:150 gegen Leute polemisiert, die nicht an alle Gesandten Gottes gleichermaßen glauben, so läuft das wohl darauf hinaus, dass auch Juden und Christen zugemutet wird, Muhammad als einen genuinen Propheten zu akzeptieren – nicht anders als das Christentum historisch gegenüber dem Judentum darauf bestanden hat, dass Jesus als der Messias anzuerkennen sei. Trotzdem scheint der Koran das Nebeneinander von verschiedenen Religionen als unaufhebbares Faktum zu betrachten: »Für jeden unter euch haben wir einen Pfad und ein Brauchtum geschaffen. Wenn Gott gewollt hätte, hätte er euch zu einer einzigen Gemeinschaft gemacht. Doch er will euch in dem, was er euch gegeben hat, auf die Probe stellen. So wetteifert nach dem Guten! Zu Gott kehrt ihr allesamt zurück. Dann tut er euch kund, worin ihr uneins gewesen seid.« (5:48)

Anmerkungen

1 Angelika Neuwirth, *Studien zur Komposition der mekkanischen Suren*, Berlin 1981, ²2007.

2 Edmund Beck (Übers.), *Des Heiligen Ephraem des Syrers Sermones III*, Louvain 1972, 26 (2:285 und 317).

3 Theodor Nöldeke und Friedrich Schwally, *Geschichte des Qorāns*, Bd. 1: *Über den Ursprung des Qorāns*, Leipzig 1909. Ich zitiere diese überarbeitete Auflage.

4 *Geschichte des Qorāns*, Bd. 1, a. a, O., 107.

5 Robinson, a. a. O., 80–82; Gabriel S. Reynolds, »Le problème de la chronologie du Coran«, *Arabica* 58 (2011), 477–502, hier 489 f.

6 In: *The Qur'ān in Context*, a. a. O., 441–460, hier 451.

7 Behnam Sadeghi, »The Chronology of the Qur'ān: A Stylometric Research Program«, *Arabica* 58 (2011), 210–299.

8 Zum Folgenden siehe Robinson, a. a. O., 87–89.

9 Gegen Reynolds, »Problème de la chronologie«, a. a. O.

10 Christoph Luxenberg, *Die syro-aramäische Lesart des Koran. Ein Beitrag zur Entschlüsselung der Koransprache*, Berlin 2000.

11 Die folgenden Bemerkungen verdanken sich zum Teil einem Gespräch mit David Kiltz.

12 Zu diesem Passus vergleiche auch Gabriel S. Reynolds, *The Qur'ān and Its Biblical Subtext*, London/New York 2010, 39–54; Pohlmann, *Entstehung des Korans*, a. a. O., 81–146; Schmitz, *Sure* 2, a. a. O., 53–61.

13 Heinrich Speyer, *Die biblischen Erzählungen im Qoran*, Gräfenhainichen 1931, 57. Das Zitat ist Otto Merk und Martin Eiser (Übers.), *Das Leben Adams und Evas*, Gütersloh 1998, 795–798, entnommen.

14 Speyer, a. a. O., 57 f.

15 Auf die Parallele hat erstmals Abraham Geiger hingewiesen: *Was hat Mohammed aus dem Judenthume aufgenommen?*, Bonn 1833, 99.

16 Ich übernehme den Begriff von M. Montgomery Watt (*Muhammad at Mecca*, Oxford 1953, 60 ff.).

17 Vgl. David Brady, »The book of revelation and the Qur'an: is there a possible literary relationship?«, *Journal of Semitic Studies* 23/2 (1978), 216–225.

18 So der Befund von Tor Andrae, *Der Ursprung des Islams und das Christentum*, Uppsala 1926, 153–163.

19 Andrae, a. a. O., insb. 139–155.

20 Angelika Neuwirth, *Der Koran als Text der Spätantike. Ein europäischer Zugang*, Berlin 2010, 398 ff.

21 Andrae, a. a. O., 193 f.

22 Watt, a. a. O., 72 ff.

23 Dazu Crone, *Meccan Trade*, a. a. O.

24 Vgl. Ammann, a. a. O., insb. 66–68.

25 Gabriel S. Reynolds Beschreibung des Korans als »homiletischer« (= predigtartiger) Text (*Biblical Subtext*, a. a. O., 230–258) nimmt diese Differenz nicht hinreichend zur Kenntnis.

26 Siehe wiederum Andrae, a. a. O., 146–152.

27 Josef Horovitz, »Das koranische Paradies«, in: *Der Koran*, hg. von Rudi Paret, Darmstadt 1975, 53–73.

28 Siehe hierzu Donner, a. a. O., 75–85.

29 Angelika Neuwirth, »Geography«, in: *Encyclopaedia of the Qur'ān*, hg. von Jane Dammen McAuliffe, Leiden 2001–2006, Bd. 2, 293–313.

30 Edvard Lehmann und J. Pedersen, »Der Beweis für die Auferstehung im Koran«, in: *Der Islam* 5 (1914), 54–61.

31 Vgl. Michel Cuypers, *The Banquet. A Reading of the Fifth Sura of the Qur'an*, Miami 2009, 118. Allerdings mutet Cuypers Projekt, so gut wie überall im Koran ringkompositionelle Strukturen nachzuweisen, die teilweise sogar in sich geschachtelt seien, obsessiv an und beruht auf fragwürdigen Vorannahmen über eine spezifisch »semitische Rhetorik«.

32 David Marshall, *God, Muhammad and the Unbelievers. A Qur'ānic Study*, Richmond 1999, 165–170.

33 Hartmut Bobzin, »The ›Seal of the Prophets‹: Towards an Understanding of Muhammad's Prophethood«, in: *The Qur'ān in Context*, a. a. O., 565–583.

34 Siehe das Ende von Kapitel 24 der syrischen *Didascalia Apostolorum*, einer auf das dritte Jahrhundert zurückgehenden christlichen Kirchenordnung (hg. von Arthur Vööbus, Louvain 1979; ich verdanke diese Stellenangabe Holger Zellentin, »›Confirming What Was Before It‹«, im Erscheinen). Vgl. auch Marcel Simon, »De l'observance rituelle à l'ascèse: recherches sur le Décret Apostolique«, *Revue de l'histoire des religions* 193, no. 1 (1978), 27–104, hier 41: »Das Schwein ist in der Antike praktisch das einzige wirklich gebräuchliche Nutztier unter all denjenigen, die das mosaische Gesetz als unrein verbietet.«

35 Zum Folgenden siehe Shlomo Dov Goitein, »The Birth-Hour of Muslim Law«, *Muslim World* 50/1 (1960), 23–29.

IV. Der Koran im Islam

Wie bei anderen heiligen Schriften wäre es ein Fehler, die Stellung des Korans im Islam darauf zu reduzieren, dass er interpretiert, verstanden und befolgt wird: Wenn ein gläubiger Muslim den Koran rezitiert hört oder selbst rezitiert – etwa beim täglichen Gebet oder im Rahmen von Koranrezitationen, wie sie insbesondere im Fastenmonat Ramadan und bei Trauerfeierlichkeiten stattfinden –, so fungiert der Text für ihn nicht in erster Linie als Vehikel von Informationen, sondern der Gläubige tritt, religionsphänomenologisch gesehen, in die Gegenwart Gottes. Diese sakrale Stellung des Korans wird dadurch betont, dass der Text in verschiedener Weise aus der Sphäre des profanen Alltagslebens herausgehoben ist: So wird die Rezitation von Koranabschnitten durch spezielle Wendungen eingeleitet und beschlossen, und im Zustand der sogenannten »großen« rituellen Unreinheit (die durch Geschlechtsverkehr eintritt und durch Vollzug eines Waschrituals beseitigt wird) gilt es als verboten, den Koran zu berühren oder zu rezitieren. Auch die kunstgerechte Verlautbarung (*tajwīd*) des Korantextes unterliegt einem komplexen Regelwerk, welches minutiös die korrekte Aussprache von Vokalen und Konsonanten, die zeitliche Dauer einzelner Silben sowie die Einfügung von Pausen festlegt. Schließlich weist der volkstümliche Umgang mit dem Koran sogar magische und wahrsagerische Aspekte auf.[1] Die folgenden Kapitel, die sich mit der islamischen Koranauslegung befassen, greifen somit nur einen Teilbereich des islamischen Korangebrauchs heraus.

Der Koran als Quelle der Rechtsfindung

Nichtmuslime stellen sich unter islamischer Koranauslegung häufig vor allem eine Ableitung von Rechtsnormen vor. Tatsächlich stellen Koranexegese (*tafsīr*) und islamisches Recht (*fiqh*) jedoch verschiedene Disziplinen und literarische Genres dar, die am besten getrennt zu behandeln sind. Das vorliegende Kapitel geht zunächst auf die Rolle des Korans im islamischen Recht ein.

Obwohl Artikel 1 des saudi-arabischen Grundgesetzes den Koran (zusammen mit der Sunna, der normativen Praxis Muhammads) als »Verfassung« Saudi-Arabiens bezeichnet, enthält der Koran keine umfassende und systematisch entwickelte Rechtsordnung. Koranische Rechtssetzungen haben eher die Gestalt situationsbedingter Einzelbescheide (s. o.); zudem legen sie häufig keine präzisen diesseitigen Sanktionen für die Missachtung der geforderten Verhaltensweisen fest. Gelegentlich finden sich sogar regelrechte Widersprüche, wie die verschiedenen Aussagen über die Zulässigkeit des Weingenusses zeigen (Sure 16:67: positiv; 2:219: ambivalent; 4:43: Verbot, betrunken am Gebet teilzunehmen; 5:90–91: umfassendes Weinverbot). Selbst zum Ablauf eines so grundlegenden islamischen Rituals wie dem täglichen Pflichtgebet finden sich nur wenige Andeutungen – ja nicht einmal die Fünfzahl der täglichen Gebete wird im Koran wirklich eindeutig benannt.

Koranische Gebote und Verbote bedürfen folglich der nachträglichen Interpretation, Präzisierung und Systematisierung. Dies erkennt auch die islamische Rechtswissenschaft an.[2] Obwohl sie davon ausgeht, dass der Koran auf eine detaillierte Regulierung der menschlichen Lebensführung abzielt, wird daraus keineswegs geschlossen, dass er das von Gott intendierte Normensystem als solches enthalte. Vielmehr habe Gott den Menschen eine Vielzahl von textuellen »Hinweisen« (Sg. *dalīl*) ganz unterschiedlicher Klarheit zuteil werden lassen, aus denen islamische Gelehrte dann in einem generationenübergreifenden hermeneutischen Projekt eine systematische, aber aufgrund immer neuer Rechtsprobleme niemals endgültig abschließbare Ordnung von Geboten und Verboten errichten. Gott verlangt den Gläubigen insofern nicht einfach die Befolgung eines vorgegebenen Regelwerks ab, sondern auch, das von ihm intendierte Regelwerk zuallererst ausfindig zu machen.

Die entwickelten Rechtssysteme der sunnitischen Rechtsschulen gehen somit nicht unmittelbar auf Gott zurück, sondern sind Resultate eines menschlichen »Verstehens« (*fiqh*, so die wörtliche Übersetzung der gängigen Bezeichnung für das islamische Recht) der dem Menschen von Gott gegebenen »Hinweise«. Der Koran hat im traditionellen islamischen Recht deshalb keineswegs den Status eines Gesetzbuches oder gar einer »Verfassung«, sondern den einer – wenn auch göttlichen – Quelle menschlicher Rechtsfindung. Er teilt diese Funktion mit den Überlieferungen über Taten und Aussprüche Muhammads, dem Ḥadīth. Dieser dokumentiert die normsetzende Praxis des Propheten (*sunna*) und leistet einen wesentlichen Beitrag dazu, koranische Rechtspassagen zu ergänzen; für viele Vorschriften und Verbote stellt der Ḥadīth sogar die ausschließliche Textgrundlage dar. Auch sie gilt allerdings in letzter Instanz als auf dem Koran basierend, denn die Vorbildfunktion Muhammads wird mit den koranischen Aufrufen begründet, »Gott und seinem Gesandten« zu gehorchen (z. B. 4:13).

Dafür, wie aus Koran und Prophetenüberlieferung konkrete Rechtsentscheidungen abzuleiten sind bzw. wie juristisch stichhaltige Begründungen für vorhandene Rechtsprinzipien zu konstruieren sind, hat die islamische Rechtswissenschaft eine äußerst komplexe Hermeneutik entwickelt. In der Regel werden neben den materialen Rechtsquellen Koran und Ḥadīth noch weitere formale Rechtsquellen unterschieden, zu denen vor allem Analogieschluss und Konsens (*ijmāʿ*) gehören. Ein Analogieschluss besteht in der Übertragung einer vorhandenen Bestimmung auf einen neuen Fall mit relevanter Ähnlichkeit: Wenn X (z. B. Traubenwein) verboten bzw. erlaubt ist, weil es die Eigenschaft P aufweist (z. B. Trunkenheit hervorzurufen), und Y (z. B. Dattelwein) ebenfalls die Eigenschaft P aufweist, so folgt daraus, dass auch Y verboten bzw. erlaubt ist. Das Konsensprinzip hingegen besagt, dass die Anerkennung einer Rechtsmeinung durch alle qualifizierten Rechtsgelehrten einer bestimmten Zeit die betreffende Ansicht auch für nachfolgende Generationen verbindlich und nicht mehr hinterfragbar macht. Wie die Autorität der Sunna wird auch die Legitimität von Analogieschluss und Gelehrtenkonsens auf Koranstellen gegründet. Zwar stützt man den Gelehrtenkonsens auch mit Prophetenüberlieferungen wie »Meine Gemeinschaft wird niemals in einem Irrtum übereinkommen«, doch beruht die Verbindlichkeit der Sunna insgesamt ja wiederum auf dem Koran.

Auch das Problem widersprüchlicher koranischer Aussagen, etwa zum Weingenuss, hat die islamische Rechtswissenschaft hermeneutisch zu handhaben gelernt, nämlich mittels des Gedankens einer »Abrogation« (*naskh*), d. h. Außerkraftsetzung früherer göttlicher Äußerungen durch spätere. So wie der Islam seine beiden Vorgängerreligionen Judentum und Christentum abgelöst habe, so habe etwa in der Frage des Weingenusses das allgemeine Verbot in Sure

5:90–91 die früher offenbarte Positivwertung des Weines aus Sure 16:67 abrogiert. Auch wenn Muhammad nach islamischer Vorstellung der letzte Prophet war und die von ihm begründete Religion deshalb nicht selbst der Abrogation unterliegen kann, ist es doch beachtenswert, dass die islamische Tradition *innerhalb* des Korans den Gedanken einer nur situationsbedingten und damit vorläufigen Geltung göttlicher Aussagen akzeptiert hat. Eine zentrale Voraussetzung des Abrogationsprinzips ist natürlich, dass man Kenntnis davon hat, in welcher zeitlichen Reihenfolge die einschlägigen Koranstellen offenbart worden sind – eine wichtige innerislamische Motivation dafür, sich für die koranische Chronologie zu interessieren.

Es ist im Wesentlichen das hier nur oberflächlich skizzierte Zusammenspiel der kanonischen Textbestände Koran und Prophetenüberlieferung, der überlieferten juristischen Tradition und bestimmter Argumentations- und Ableitungsprinzipien wie Analogieschluss, Konsens oder Abrogationsgrundsatz, welches den klassischen islamischen Rechtsdiskurs bestimmt. Der Koran stellt zwar das Fundament des gesamten Gebäudes dar, da er einerseits die Verbindlichkeit der übrigen Rechtsquellen begründet und andererseits selbst konkrete – wenn auch in der Regel der Ergänzung und Auslegung bedürftige – Anweisungen enthält. Es ist jedoch weder der Fall, dass die islamische Rechtsliteratur von Koranzitaten beherrscht wird, noch besteht der Koran überwiegend aus gesetzlichen Passagen. Wie im nächsten Abschnitt näher erläutert werden soll, erschöpft sich die islamische Koranauslegung darum auch keineswegs darin, den Koran juristisch auszuwerten.

Dass die Anfänge der islamischen Koranauslegung (*tafsīr*), wie von der islamischen Tradition behauptet, auf Muhammad selbst zurückgehen, ist eher unwahrscheinlich.[3] Vielmehr dürfte das koranische Korpus in den ersten Jahrzehnten nach Muhammads Tod vorrangig als Textfundus für Rezitationszwecke – insbesondere beim rituellen Gebet – genutzt worden sein. Zugleich sickerten einzelne koranische Textsegmente in populäres Erzählgut über den Jüngsten Tag sowie das Wirken Muhammads und früherer Propheten ein oder wurden als Belegverse für theologische und juristische Debatten entdeckt. Eine interpretative Bearbeitung des koranischen Korpus setzte wohl erst in der zweiten Hälfte des siebten Jahrhunderts mit synonymischen Ersetzungen und Umschreibungen einzelner klärungsbedürftiger Ausdrücke und Wendungen ein, die uns allerdings nur in Gestalt von Zitaten in späteren Kommentarwerken erhalten sind. Aus dem achten Jahrhundert ist unter dem Namen des Muqātil ibn Sulaimān ein früher Volltextkommentar überliefert, der den gesamten Korantext in kleinteilige Segmente einteilt und kurze Paraphrasen, Wortgleichsetzungen und klärende Texterweiterungen dazwischenschaltet. Gelegentlich wird dieses Verfahren von narrativen Exkursen u. a. über den Jüngsten Tag unterbrochen, die eher dem Repertoire volkstümlicher Prediger zu entstammen scheinen.

Als frühestes Werk der klassischen Koranexegese gilt in der Regel der umfangreiche Kommentar aṭ-Ṭabarīs (gest. 922), der anders als Muqātil ausführlich die überlieferten Ansichten früherer Exegeten zitiert, systematisiert und wertet. Spätestens mit aṭ-Ṭabarī hat sich damit die charakteristische Drei-Ebenen-Struktur islamischer Korankommentare herausgebildet, die aus dem abschnittweise zitierten Text des Korans, einer Wiedergabe früherer Auslegungen sowie den an die exegetische Tradition anknüpfenden Anmerkungen, Widerlegungen und Harmonisierungsversuchen des jeweiligen Autors besteht. Ein klassischer islamischer Koraninterpret tritt also in aller Regel nicht unmittelbar an den koranischen Primärtext heran, sondern behandelt ihn in Form einer kritischen Sichtung der Positionen früherer Exegeten – eine Vorgehensweise, die große Ähnlichkeit mit der als »scholastisch« bezeichneten Schreib- und Argumentationsweise von Philosophen und Kirchenrechtlern des europäischen Hochmittelalters aufweist.

Als Beispiel für das Vorgehen klassischer Koranausleger mag die Behandlung des Anfangs von Sure 103 (»Beim *'aṣr!* / Der Mensch ist im Zustand des Verlusts!«) in dem philosophisch-theologisch orientierten Kommentar Fakhr ad-Dīn ar-Rāzīs (gest. 1210) dienen.[4] Da die exegetische Tradition über die Bedeutung des einleitenden Schwurs »Beim *'aṣr*!« uneins ist, widmet ar-Rāzī dem Vers trotz seiner Kürze eine längere Diskussion, in deren Verlauf insgesamt vier verschiede Erklärungen des Wortes besprochen werden: 1) die Zeit im Allgemeinen, 2) der Abend bzw. späte Nachmittag, 3) das Nachmittagsgebet (*ṣalāt al-'aṣr*) und 4) die Ära des Propheten Muhammad. Jede dieser vier Möglichkeiten wird ausführlich präsentiert und jeweils mit mehreren Argumenten begründet oder erläutert. Vor dem Leser entfaltet sich so ein Kaleidoskop aus virtuos ineinander verschachtelten Gründen und Gegengründen, die einer Vielzahl unterschiedlicher Wissensdisziplinen (Theologie und Philosophie, Lexikographie, koranische Textkritik, Prophetenüberlieferung, Recht) entstammen. Dabei scheint es ar-Rāzī durchaus nicht darum zu gehen, eine einzige richtige Deutung des Verses zu ermitteln, denn auch am Ende seiner sich in einer modernen Druckausgabe über zweieinhalb eng bedruckte Seiten erstreckenden Erörterung sieht er sich nicht genötigt, abschließend zu formulieren, was denn nun die ›eigentliche‹ Bedeutung des Wortes *'aṣr* im behandelten Koranvers sei. Das ist durchaus typisch: Viele islamische Koraninterpreten erheben nicht den Anspruch, den Sinn einer bestimmten Textpassage endgültig feststellen zu können, und beenden ihre Ausführungen oft mit dem Ausruf »Gott weiß es am besten!«. Die klassische Koranexegese ist insofern von einem prinzipiellen hermeneutischen Pluralismus gekennzeichnet (der freilich durch bestimmte historische und theologische Vorannahmen begrenzt ist).[5] Für einen Exegeten wie Fakhr ad-Dīn ar-Rāzī ist das kontemplative Ausloten unterschiedlicher Bedeutungsnuancen des Korantextes offenkundig ein Selbstzweck und nicht nur ein Mittel zur Gewinnung von Lebens- und Handlungsorientierung.[6] Die islamische Exegese zielt insofern keineswegs in erster Linie darauf ab, den Koran als Gesetzesquelle fruchtbar zu machen – was man schon daran sieht, dass islamische Korankommentare den gesamten Korantext und nicht nur die rechtlich relevanten Verse behandeln.

Wie steht es aber mit der gelegentlich geäußerten Ansicht, die islamische Tradition nehme den Koran allzu »wörtlich«? Immerhin wird die Bereitschaft von Gläubigen, bestimmte Aussagen ihrer jeweiligen Offenbarungsurkunde »im übertragenen Sinne« zu verstehen, häufig geradezu als Eintrittskarte für ein aufgeklärtes Religionsverständnis betrachtet. Tatsächlich gibt es wohl keine Interpretationstechnik, die sich so sehr dafür eignet, unzeitgemäß erscheinende Schriftstellen zu neutralisieren, wie das Postulat, es handele sich dabei eigentlich um metaphorische oder allegorische Formulierungen von etwas ganz anderem (das griechische Wort »Allegorie« leitet sich von einem Verb mit der Bedeutung »etwas anders bezeichnen« ab). Die Technik wurde ursprünglich von antiken Auslegern der homerischen Epen entwickelt, die etwa das unfeine Gezänk unter den olympischen Göttern als Allegorie für den Gegensatz der vier Elemente interpretierten und ihm so einen philosophisch akzeptablen Sinn abzugewinnen versuchten. Auch für die christliche Aneignung des Alten Testaments erwiesen sich allegorische Auslegungstechniken als unverzichtbar: Nur so ließ sich eine Sammlung von jahrhundertealten Schriften mit Verhaltensvorschriften, die bereits frühe Christen nicht mehr als verbindlich anerkannten (z. B. Beschneidung, Speisetabus, Reinheits- und Opfervorschriften), als Bestandteil des christlichen Kanons beibehalten. Überholte Verhaltensregelungen oder scheinbar irrelevante Details konnten auf diese Weise als Ausdruck allgemeiner ethischer Prinzipien verstanden oder auf Christus bezogen und so mit neuer Relevanz gefüllt werden.

Zumindest der traditionellen sunnitischen Koranexegese sind solche allegorischen Interpretationstechniken tatsächlich fremd. Stattdessen zeichnet sie sich durch einen zugleich überlieferungsorientierten und philologischen Zug aus. Das bedeutet, dass sie erstens stark mit Prophetenüberlieferungen, historischen Berichten über den Offenbarungsanlass einzelner Koranstellen sowie Aussagen früherer Exegeten operiert, und zweitens ab dem neunten Jahrhundert durch eine Analyse des Korantextes im Lichte der sich herausbildenden arabischen Grammatik, Lexikographie und Rhetorik bestimmt ist. Für diesen philologischen Charakter war neben der islamischen Überzeugung von der rhetorischen Mustergültigkeit des Korantextes sicherlich vor allem seine sprachliche Nähe ursächlich: Während ein philologischer Zugang zur Bibel im Christentum bis zur Reformationszeit dadurch behindert wurde, dass man mindestens das Alte Testament und oft auch das Neue nur in Übersetzungen las, ist der

Koran von Muslimen in der Regel auf Arabisch gelesen und kommentiert worden, was einen auf die sprachliche Oberflächenstruktur abstellenden Zugang erheblich begünstigte.

Die klassische Koranauslegung konzentriert sich mithin tatsächlich auf den »wörtlichen« Sinn des Textes, doch bedeutet dies eben nicht, dass ihre Vertreter generell auf einer einzigen Deutungsmöglichkeit des Textes beharren. Man kann sogar so weit gehen festzustellen, dass der *mainstream* der islamischen Koranexegese aufgrund seines philologischen und in einem weiten Sinne ›kontextualistischen‹ Zugangs zum Koran – etwa der Auslegung von Koranversen im Rekurs auf die Umstände, unter denen Muhammad eine bestimmte Offenbarung verkündet haben soll – modernen historisch-kritischen Interpretationstechniken deutlich näher steht als die heutzutage einigermaßen fantastisch anmutenden Allegoresen und Typologien mancher christlicher Bibelausleger. Der traditionellen Koranexegese eignet deshalb gerade wegen ihrer manchmal beklagten »Wörtlichkeit« ein progressiv-wissenschaftliches Moment, welches moderne islamische Interpreten produktiv aufgreifen könnten.

Dennoch sind allegorische Interpretationsansätze der islamischen Kultur nicht gänzlich fremd, was angesichts ihrer weiten Verbreitung in der Antike und im frühen Christentum auch erstaunlich wäre. Die theologische Schule der Muʿtaziliten etwa vertrat eine metaphorische Auslegung bestimmter anthropomorpher Schriftverse wie der koranischen Rede von der »Hand« oder dem »Antlitz« Gottes oder der Feststellung, Gott habe sich nach der Erschaffung der Welt »auf dem Thron niedergesetzt« (7:54). Während die figurative Schriftdeutung hier dazu dient, einen als vernunftwidrig wahrgenommenen Wortsinn zu eliminieren, gehen sufische (bzw. ›mystische‹) Exegeten, deren Auslegungen etwa bei as-Sulamī (gest. 1021) gesammelt sind, davon aus, dass der »innere« (*bāṭin*) Schriftsinn den »äußeren« (*ẓāhir*) Sinn nicht ersetzt, sondern bereichert. Häufig hat dieser innere Schriftsinn bei ihnen einen psychologisch-initiatorischen Gehalt: So werden Erzählungen wie die Siebenschläferlegende oder Moses Begegnung mit einem anonymen Weisen (Sure 18) als Sinnbilder des Fortschritts des Gläubigen auf dem Weg der spirituellen Vervollkommnung und Annäherung an Gott gelesen. Für schiitische Koranausleger schließlich besteht der innere Sinn des Korans oft in Aussagen, die sich auf Muhammads Schwiegersohn 'Alī und seine Nachkommen beziehen, nach schiitischer Mehrheitsmeinung die alleinrechtmäßigen Führer der islamischen Gemeinde.

Die moderne Koranauslegung

Die islamische Welt hat infolge ihrer im Verlauf des 19. Jahrhunderts immer weiter beschleunigten Berührung mit Europa und später auch den USA politische, gesellschaftliche, kulturelle und wirtschaftliche Veränderungen erlebt, welche die Stabilität herkömmlicher islamischer Institutionen und Glaubensinhalte untergraben haben. Auch im Hinblick auf den Koran hat sich so ein ganzes Arsenal neuer Fragen ergeben, die islamische Intellektuelle in Indien, Ägypten und anderswo ab der zweiten Hälfte des 19. Jahrhunderts intensiv debattiert haben: Wie sind koranische Schöpfungsvorstellungen, Prophetenlegenden und Jenseitsbeschreibungen mit modernen wissenschaftlichen Erkenntnissen zu vereinbaren? Sind koranische Normen und Rechtssetzungen überhaupt noch auf die sich rasch wandelnden Verhältnisse anwendbar? Welche Folgen hat die neuzeitliche Bibel- und Religionswissenschaft für das überkommene islamische Verständnis von Offenbarung und Weitergabe des Korans?

Steht der Koran im Widerspruch zu solchen zentralen neuzeitlichen Werten wie Demokratie und universalen Menschenrechten? Viele dieser Probleme haben sich ähnlich auch für westliche Christen und Juden gestellt. Während die Moderne in Europa jedoch auf eine vor Ort entstandene und sich graduell entfaltende historische Dynamik zurückgeht, ist sie über die islamische Welt vergleichsweise plötzlich und von außen, nämlich im Gefolge kolonialer Expansion, hereingebrochen; Muslime haben deshalb bisher deutlich weniger Zeit gehabt, gründlich durchdachte Antworten auf solche Fragen zu entwickeln.[7] Außerdem wurde und wird das Spannungsverhältnis von Tradition und Moderne für sie häufig durch den geographischen Gegensatz von Europa und ›Orient‹ bzw. Kolonisierern und Kolonisierten, durch den religiösen Antagonismus von Christentum und Islam und allgemein durch den Konflikt von ›Eigenem‹ und ›Fremdem‹ überlagert und verschärft – eine Ausgangsposition, welche die strukturelle Versuchung erzeugt, bei der Erörterung des Problemfelds von Tradition und Moderne in Apologetik oder Polemik auszuweichen.

In der arabischen Welt setzt die moderne islamische Koranexegese mit einem Kommentar des ägyptischen Reformdenkers Muḥammad ʿAbduh (gest. 1905) und seines Schülers Muḥammad Raschīd Riḍā (gest. 1935) ein, der nach seinem ursprünglichen Erscheinungsort in der Zeitschrift *al-Manār* (»Der Leuchtturm«) als *Manār*-Kommentar (*Tafsīr al-Manār*) bezeichnet wird.[8] ʿAbduh war daran gelegen, die islamische Religion gegen den von europäischer Seite erhobenen Vorwurf der Fortschrittsfeindlichkeit zu verteidigen und ihre Vereinbarkeit mit zentralen Werten der westlichen Moderne zu erweisen. Für die Rückständigkeit islamischer Gesellschaften gegenüber dem Westen sei nicht der Islam verantwortlich, sondern abergläubische Volksbräuche und die blinde Autoritätshörigkeit traditioneller Rechtsgelehrter. Im Gegensatz dazu rufe der Koran, wie der *Manār*-Kommentar immer wieder insistiert, zum Gebrauch der menschlichen Vernunft auf, was sowohl naturwissenschaftliche Forschung als auch die Anpassung islamischer Rechtsvorschriften an veränderte geschichtliche Erfordernisse beinhalte. Verse, in denen von Übernatürlichem die Rede zu sein scheint – etwa von Zauberei und Dschinnen – und die insofern den von ʿAbduh behaupteten Vernunftcharakter des Islams in Frage zu stellen scheinen, werden rationalistisch entschärft, beispielsweise indem eine Deutung der Dschinnen als Mikroben vorgeschlagen wird. Dabei geht der *Manār*-Kommentar jedoch nicht so weit wie spätere Protagonisten der sogenannten »wissenschaftlichen Koranauslegung« (*tafsīr ʿilmī*), die im Koran zahlreiche Erkenntnisse der modernen Wissenschaften entdecken und so seinen göttlichen Ursprung nachweisen wollen. Denn das primäre Ansinnen des Korans ist ʿAbduh und Raschīd Riḍā zufolge nicht die Vermittlung von theoretischem Wissen über die Welt, sondern moralische »Rechtleitung« (*hidāya*), deren Vernachlässigung die Muslime mit kolonialer Unterdrückung und inneren Missständen bezahlt haben. Dem lebensfernen und spielerischen Charakter der klassischen Koranexegese stehen die beiden Autoren deshalb mit spürbarer Ungeduld gegenüber: Umfangreiche philologische und theologische Exkurse, die »Schlussfolgerungen traditionshöriger Rechtsgelehrter«, mystische Ausdeutungen sowie narrative Ausschmückungen koranischer Aussagen, wie sie in frühen exegetischen Überlieferungen vorliegen – all dies birgt für sie die Gefahr, von der eigentlichen Botschaft des Korans abzulenken. Leider werden damit auch diejenigen Elemente der exegetischen Tradition, von denen aus sich aus heutiger Perspektive am ehesten Brücken zur Moderne schlagen lassen – die Akzeptanz von divergierenden Deutungsmöglichkeiten sowie die Zelebrierung von Gelehrsamkeit, argumentativem Scharfsinn und interpretativer Kreativität –, abgewertet. Es ist faszinierend zu beobachten, wie der *Manār*-Kommentar trotz seiner Bestrebung, die exegetische Überlieferung auf einen praktisch relevanten und intellektuell vertretbaren Kernbestand zu reduzieren, in vielerlei Hinsicht gleichwohl traditionellen Schreibmustern und Disputen verpflichtet bleibt.

Einen noch stärkeren Bruch mit der klassischen Koranexegese markiert der Kommentar des ebenfalls aus Ägypten stammenden Muslimbruders Saiyid Quṭb, der 1966 unter Gamal Abdel Nasser hingerichtet wurde und ein wichtiger Gewährsmann des radikalen Islamismus ist. Während ʿAbduh die westliche Moderne noch grundsätzlich begrüßte, erscheint sie Quṭb – dessen historische Perspektive durch gesellschaftliche Verwerfungen in Ägypten, zwei von Europa ausgehende Weltkriege und den Palästinakonflikt geprägt ist – als historisches Auslaufmodell. Quṭb versteht den Koran als Grundlage eines durch revolutionäres Handeln zu verwirklichenden »islamischen Systems«, das Kommunismus und Kapitalismus gleichermaßen überlegen sei. Immer wieder parallelisiert er die ungläubigen Widersacher Muhammads und früherer Gottesgesandter mit dem Nasser-Regime oder dem materialistischen Westen. Für Quṭb erfordert ein Leben »im Schatten des Korans« (so der Titel seines Kommentares) in letzter Konsequenz den Nachvollzug von Muhammads Auswanderung nach Medina – den radikalen, auch Gewaltanwendung einschließenden Ausstieg aus einer Gesellschaft, die nur noch dem Namen nach »islamisch« ist, eigentlich jedoch in einen Zustand religiöser »Unwissenheit« (*jāhilīya*) zurückgefallen ist, wie er im vorislamischen Arabien herrschte. Den totalen Anspruch, den der Koran seiner Meinung nach an den Leser richtet, weiß Quṭb, der sich vor seiner Konversion zum radikalen Islamismus als Schriftsteller und Literaturkritiker betätigt hatte, durch eine innovative Würdigung der ästhetischen Qualitäten des Korans zu amplifizieren, wobei er – wie verschiedene andere Exegeten des 20. Jahrhunderts, allen voran der pakistanische Gelehrte Amīn Aḥsan Iṣlāḥī (1904–1997) – die thematische Kohärenz koranischer Suren betont.

Auch Ansätze zu einer genuin historisch orientierten Koraninterpretation haben sich in der islamischen Welt erstmals in Ägypten herausgebildet, das aufgrund seiner frühen Kontakte mit Europa oft die Rolle eines kulturellen Vorreiters für die übrigen arabischen Länder gespielt hat. Wie Rotraud Wielandt dargelegt hat, dachte bereits der berühmte ägyptische Schriftsteller und Literaturwissenschaftler Ṭāhā Ḥusain (1889–1973) in den 1930er Jahren über einen neuen Zugang zum Koran nach, der diesen unter Absehung von seinem religiösen Status allein als literarisches Werk in den Blick nehmen würde.[9] Ausgearbeitet wurde das Programm einer »literaturwissenschaftlichen Koranexegese« (*tafsīr adabī*) dann ab den vierziger Jahren von dem Kairiner Literaturprofessor Amīn al-Khūlī (gest. 1967), seiner Frau 'Ā'ischa 'Abd ar-Raḥmān sowie seinem Schüler Muḥammad Aḥmad Khalaf Allāh. Aufbauend auf Ideen des andalusischen Rechtsgelehrten asch-Schāṭibī (gest. 1388) ging al-Khūlī davon aus, dass sich auch göttliche Offenbarungen, um überhaupt verständlich zu sein, der Sprache und dem allgemeinen geistigen Horizont ihrer Adressaten anpassen müssen. Die implizite Konsequenz, dass der göttliche Sprecher des Korans dabei auch Gebrauch von heutzutage überholten Vorstellungen gemacht haben könnte, wird ausdrücklich in der 1947 eingereichten Dissertation Khalaf Allāhs gezogen, die seinerzeit für einen Skandal sorgte: Die koranischen Erzählungen über frühere Propheten, so Khalaf Allāh, zielten nicht auf die wahrheitsgemäße Wiedergabe historischer Fakten ab, sondern darauf, durch eine rhetorisch wirkungsvolle Adaption von zur Zeit Muhammads verbreiteten Erzählstoffen einen bestimmten psychologischen Einfluss auf ihr Publikum zu erzeugen.

Jüngster Vertreter der ägyptischen Tradition literaturwissenschaftlicher Koranexegese ist Naṣr Ḥāmid Abū Zaid (1943–2010), der al-Khūlīs Ansatz im Rückgriff auf die moderne Kommunikationstheorie weiterentwickelt hat. Abū Zaid zufolge muss selbst ein göttlicher Sprecher bei der Kommunikation mit menschlichen Adressaten auf deren kulturellen »Code« zurückgreifen – Gott kann zu Menschen nur in menschlicher, also geschichtlich situierter Sprache reden. Die überzeitlich gültige göttliche Botschaft, die dem Koran zugrunde liegt, kann demnach nicht einfach mit der geschichtlich bedingten Gestalt identifiziert werden, in die Gott diese Botschaft im siebten Jahrhundert gekleidet hat. Ähnlich sieht es auch der pakistanische, später in Chicago lehrende Islamwissenschaftler Fazlur Rahman (gest. 1988), dessen Gedanken besonders von jüngeren türkischen Wissenschaftlern wie dem seit 2006 in Frankfurt lehrenden Ankaraner Theologen Ömer Özsoy (geb. 1963) rezipiert worden sind:[10] Der Koran stellt eine Sammlung göttlicher Verhaltensanweisungen dar, die in einer bestimmten historischen Situation universell gültige ethische Prinzipien zum Ausdruck bringen. Ein Koraninterpret hat darum zunächst den Sinn einzelner koranischer Aussagen im sprachlichen und kulturellen Horizont ihres Verkündigungsumfelds zu rekonstruieren; daraufhin sind die dem Koran insgesamt zu Grunde liegenden Prinzipien herauszuarbeiten; und schließlich müssen diese unter Berücksichtigung zeitgenössischer Lebensumstände und Herausforderungen in neue, für die

Gegenwart relevante Verhaltensnormen übersetzt werden. Strukturell sind solche Theorien nicht allzu weit von der Unterscheidung entfernt, die Johann Salomo Semler (gest. 1791), einer der Gründerväter der historisch-kritischen Bibelwissenschaft, zwischen der »Heiligen Schrift« und dem in ihr enthaltenen, aber nicht mit ihr identischen »Wort Gottes« vornahm.

Häufig ist zu hören, eine historische Koranlektüre sei mit dem Islam grundsätzlich nicht zu vereinbaren, weil sie die Aufgabe eines grundlegenden islamischen Glaubenssatzes verlange, nämlich der Überzeugung, dass der Koran wörtliche Gottesrede sei. Die soeben vorgestellten Ansätze zu einer historisch orientierten und dabei zugleich dem islamischen Bekenntnis verpflichteten Koranauslegung lassen dieses pessimistische Urteil fraglich erscheinen. Zwar bestimmen die zuletzt behandelten Koraninterpreten sicher nicht das Religionsverständnis der Mehrheit der Muslime. Fairerweise darf man jedoch nicht übersehen, dass auch die an westlichen Universitäten betriebene historisch-kritische Bibelauslegung, die man dem Islam so oft als Messlatte vorhält, unter vielen lateinamerikanischen und afrikanischen Christen oder unter US-amerikanischen Evangelikalen nicht mehrheitsfähig ist. Eine kritische Schlussnote ist freilich anzufügen: In der islamischen Welt leider bislang eher selten – wenn auch nicht gänzlich inexistent – sind Arbeiten, die ein hermeneutisch und theologisch durchdachtes Bekenntnis zur Geschichtlichkeit des Korans im Stile Abū Zaids mit konkreter exegetischer Detailarbeit auf der Grundlage von vorkoranischen jüdischen und christlichen Traditionen kombinieren.

Rechtfertigt der Koran die Unterdrückung der Frau und Gewalt gegen Andersgläubige?

Die Stellung der Frau und die Anwendung von Gewalt gegen Anders- und Nichtgläubige gehören zu den Themen, die bei Erörterungen der Frage, ob der Koran der Eingliederung muslimischer Gläubiger in eine demokratische öffentliche Ordnung im Wege steht, fast immer zur Sprache kommen; sie sollen deshalb am Schluss kurz angesprochen werden. Zumindest das in diesem Zusammenhang häufig debattierte islamische Verschleierungsgebot kann dabei allerdings getrost ausgeklammert werden: Denn anstelle der Forderung, muslimische Frauen hätten generell ein Kopftuch oder gar einen Gesichtsschleier anzulegen, verlangt der Koran lediglich, sie sollten ihr Umschlagtuch über den Halsausschnitt schlagen (24:31).

Dennoch bleiben immer noch genügend Verse, deren Wortlaut nichts Gutes verheißt. Was die Stellung der Frau betrifft, so ist beispielsweise zu konstatieren, dass der Koran die Mehrfachehe mit bis zu vier Frauen zulässt (4:2–3), dem Mann die körperliche Züchtigung seiner Ehefrau erlaubt (4:34) und hinterbliebenen Töchtern nur die Hälfte des Erbteils von Söhnen zuspricht (4:11). Im Hinblick auf das Verhältnis zu Andersgläubigen nimmt sich der Textbefund noch weniger rosig aus, denn zahlreiche medinensische Koranverse rufen ausdrücklich zum militärischen Kampf gegen »Ungläubige« und »Beigeseller« auf (vgl. nur 2:191, 4:74, 9:5 oder 9:29).

Ist der Koran also wirklich ein militanter und frauenfeindlicher Text? Für liberale Muslime dürfte es häufig am nächsten liegen, solche problematische Textstellen durch Metaphorisierungen oder lexikalische Umdeutungen zu neutralisieren. So wird gelegentlich postuliert, die koranische

Erlaubnis, Ehemänner dürften ihre Ehefrauen unter bestimmten Bedingungen »schlagen« (*ḍaraba*, so in Sure 4:34), sei eigentlich im Sinne von »sich von ihnen trennen« zu verstehen, weshalb häusliche Gewalt nicht als koranisch legitimiert gelten dürfe. Obwohl man derartige Reinterpretationen vom Endergebnis her begrüßen muss, sind sie aus philologischer Sicht doch angreifbar und damit wenig zielführend. Zudem bleibt die auch von Fundamentalisten geteilte Ausgangsposition, dass der Text ohne Abstriche zu befolgen sei, unhinterfragt.

Die intellektuell befriedigendere Alternative bestünde wohl darin, die Ebene der historischen Primärbedeutung des Korans klar von derjenigen seiner heutigen Geltung zu unterscheiden. Die Frage, was eine bestimmte Koranstelle in ihrem ursprünglichen Entstehungsmilieu bedeutet hat, würde dann nicht im Blick darauf beantwortet, was mit zeitgenössischen Werten vereinbar scheint, sondern allein im Rückgriff auf die allgemeinen Prinzipien historisch-kritischer Textauslegung. Erst in einem zweiten Schritt wäre dann die Geltungsfrage zu stellen, also zu problematisieren, inwieweit die sich dabei abzeichnenden Deutungsmöglichkeiten auch heutzutage noch Verbindlichkeit beanspruchen können. Aus der Tatsache, dass der Vers 4:34 die Züchtigung von Ehefrauen gestattet, würde sich somit nicht notwendigerweise ergeben, dass eheliche Gewalt auch für heutige Muslime noch zulässig ist; und umgekehrt würde aus der Ablehnung ehelicher Gewalt nicht folgen, dass 4:34 um jeden Preis im Einklang mit zeitgenössischen Wertvorstellungen zu interpretieren ist. Grundlegende Voraussetzung für eine solche Position wäre die Anerkennung, dass kein Weg daran vorbeiführt, gewisse Aussagen des Korans als kontextspezifisch zu verstehen. Wie das letzte Kapitel gezeigt hat, ist dies keineswegs unvereinbar mit der islamischen Glaubensüberzeugung, dass der Koran das Wort Gottes darstellt: Denn Gott mag seine Gründe gehabt haben, sich auf den weltanschaulichen und gesellschaftlichen Horizont seiner Adressaten bzw. ihren kulturellen »Code« (Abū Zaid) einzulassen.

Im Falle der koranischen Erlaubnis zur Mehrfachehe (Sure 4:2.3) gibt es sogar deutliche Anhaltspunkte für eine solche Akkommodation. Denn einerseits erfolgt die betreffende Regelung im Zusammenhang mit dem Problem der Versorgung von Waisen, wird also offenbar in erster Linie als Mittel der wirtschaftlichen Sicherung von alleinstehenden Frauen behandelt.[11] Andererseits schränkt der Koran die Erlaubnis zur Polygynie selbst wieder ein, wie der ägyptische Reformdenker Qāsim Amīn (gest. 1908) hervorgehoben hat: Sollten die Gläubigen fürchten, gegenüber mehreren Ehefrauen »nicht gerecht zu sein«, so werden sie ermahnt, nur eine einzige Frau zu nehmen. Im weiteren Verlauf derselben Sure (4:129) wird sogar kategorisch festgestellt: »Ihr werdet zwischen euren Frauen nicht gerecht verfahren können, selbst wenn ihr darauf bedacht seid!« Offenbar betrachtet der Koran die Mehrfachehe also allenfalls als ein situationsbedingtes Provisorium.

Was die Lage der Frau im Allgemeinen betrifft, so darf man durchaus mit islamischen Feministinnen wie Fatima Mernissi und Amina Wadud geltend machen, dass der Koran gegenüber altarabischen Verhältnissen eine relative Besserstellung der Frau herbeigeführt zu haben scheint, etwa indem er ihr selbst – anstelle ihres Vaters oder Vormundes – das Besitzrecht über das vom Bräutigam zu entrichtende Brautgeld zuerkennt (4:4) oder untersagt, die Ehefrau eines Verstorbenen als Teil seiner Erbmasse zu betrachten (4:19). Angesichts der Tatsache, dass der Koran zumindest in religiöser Hinsicht offenbar nicht zwischen Männern und Frauen unterscheidet (vgl. 33:35), ist der

Gedanke, die Vollendung der emanzipatorischen Ansätze des Korans sei Muslimen als impliziter göttlicher Auftrag mitgegeben, deswegen nicht von vornherein abwegig. Amina Wadud hat auf dieser Grundlage dafür argumentiert, dass der besonders problematische Vers 4:34 (»Diejenigen, deren Auflehnung ihr fürchtet, die ermahnt, meidet in den Betten und schlagt! Wenn sie euch dann gehorchen, dann geht nicht weiter gegen sie vor!«) nicht darauf abziele, die Misshandlung von Frauen zu rechtfertigen, sondern darauf, im koranischen Umfeld existierende Praktiken auf ein Minimum zu beschränken.[12] Akzeptiert man diese Lesart, so eignet der Vers sich nicht mehr dazu, im Namen des Korans eine Rückgängigmachung der Ächtung ehelicher Gewalt zu fordern, die sich in heutigen westlichen Gesellschaften durchgesetzt hat.

Den koranischen Aufrufen zur Gewaltanwendung gegen »Ungläubige« und »Beigeseller« kommt man so allerdings nicht bei: Denn hier scheint es keineswegs darum zu gehen, sowieso unvermeidliche Kriegshandlungen auf ein humanitär vertretbares Maß zu reduzieren, sondern der Koran beklagt geradezu den mangelnden Kampfeswillen mancher Hörer (vgl. etwa 3:167). Immerhin kann man darauf hinweisen, dass die betreffenden Verse, die allesamt aus medinensischen Suren stammen, in einer Situation verkündet worden sind, in der sich die islamische Gemeinde in eine erbitterte kriegerische Auseinandersetzung mit den Mekkanern verstrickt hatte. Der – zweifellos allgemeine – Wortlaut der betreffenden Verse gibt also nicht unbedingt vor, ob diese als allgemeine und überzeitliche Norm für jeden Umgang mit »Ungläubigen« anzusehen sind oder ihre Geltung auf eine spezifische und unwiederholbare historische Situation beschränkt ist. (Dabei ist freilich anzumerken, dass das klassische islamische Recht die betreffenden Verse durchaus als allgemeingültig verstanden hat, nämlich als Aufrufe zur militärischen Ausweitung des islamischen Herrschaftsgebiets.) Die Frage, ob der Koran zur Gewalt gegen Andersgläubige aufruft, lässt sich folglich auf zwei unterschiedlichen Ebenen beantworten. Auf der Ebene der mit den Mitteln historisch-kritischer Textphilologie zu ermittelnden Primärbedeutung des Textes muss die Antwort lauten: Ja, die Korantexte fordern die Angehörigen der medinensischen Urgemeinde zum Kampf gegen die verfeindeten Mekkaner auf. Ob der Text hingegen auch heutigen Muslimen militärisches Engagement gegen Anders- und Nichtgläubige abverlangt, ist damit noch keineswegs gesagt und kann allein Gegenstand einer innerislamischen Debatte sein.

Anmerkungen

1 Kathleen Malone O'Connor, »Popular and Talismanic Uses of the Qur'ān«, in: *Encyclopaedia of the Qur'ān*, hg. von Jane Dammen McAuliffe, Leiden 2001–2006, Bd. 4, 163–181.

2 Zum Folgenden siehe den ausführlichen Überblick in Wael Hallaq, *A History of Islamic legal theories. An Introduction to Sunnī* uṣūl al-fiqh, Cambridge 1997.

3 Zu den folgenden Thesen über die Entwicklung der frühen Koranexegese siehe ausführlicher Nicolai Sinai, *Fortschreibung und Auslegung. Studien zur frühen Koraninterpretation*, Wiesbaden 2009.

4 Zum Folgenden siehe ausführlicher Nicolai Sinai, »Die klassische islamische Koranexegese: Eine Annäherung«, *Theologische Literaturzeitung* 136/2 (2011), 123–134.

5 Peter Heath, »Creative Hermeneutics: A Comparative Analysis of Three Islamic Approaches«, *Arabica* 36 (1989), 173–210. Siehe jetzt auch Thomas Bauer, *Die Kultur der Ambiguität. Eine andere Geschichte des Islams*, Berlin 2011, 115–142.

6 Vgl. Norman Calder, »Tafsīr from Ṭabarī to Ibn Kathīr: Problems in the description of a genre, illustrated with reference to the story of Abraham«, in: *Approaches to the Qurān*, hg. von Gerald R. Hawting und Abdul-Kader A. Shareef, London 1993, 101–140.

7 Zur modernen Koranauslegung siehe den Überblick in Rotraud

Wielandt, »Exegesis of the Qur'ān: Early Modern and Contemporary«, in: *Encyclopaedia of the Qur'ān*, hg. von Jane Dammen McAuliffe, Leiden 2001–2006, Bd. 2, 124–142.

8 Bereits 1880 war der erste Band des – auf Urdu verfassten – Korankommentars des indischen Reformdenkers Sayyid Ahmad Khan (gest. 1898) erschienen.

9 Wielandt, a. a. O., 131.

10 Zur modernen türkischen Koranexegese siehe Felix Körner, *Revisionist Koran Hermeneutics in Contemporary Turkish University Theology. Rethinking Islam*, Würzburg 2005.

11 Hartmut Bobzin, *Der Koran. Eine Einführung*, München 1999, 81 f.

12 Amina Wadud, *Qur'ān and Woman*, Oxford 1999, 76.